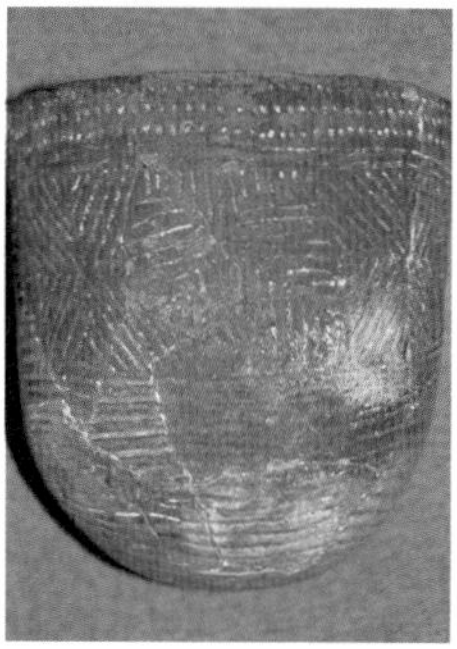

シリーズ「遺跡を学ぶ」007

豊饒の海の縄文文化

曽畑貝塚

木﨑康弘

新泉社

豊饒の海の縄文文化
―曽畑貝塚―

木﨑康弘

【目次】

第1章　豊饒の海と考古学

1　有明海と貝塚

豊饒の海

九州の北西部、長崎県、佐賀県、福岡県、熊本県に囲まれて、約一七〇〇平方キロの面積を誇る穏やかな内湾がある。有明海《ありあけかい》である。

有明海には、阿蘇《あそ》山麓に源を発する大河川、筑後《ちくご》川、菊池《きくち》川、白《しら》川、緑《みどり》川が満々として流れ下っている。その流れは、阿蘇の火山灰を含む大量の土砂を有明海へと押し流し、これらの土砂がそれぞれの河口に堆積して、「潟土《がたつち》」と呼ばれるやわらかな泥土をつくっている。

また、有明海は、日本列島でも指折りの干満差の激しい海として知られている。とくに東岸はその差がきわめて大きく、三池《みいけ》港などでは五メートルにも達する。そして、干潮時には、泥土が広い干潟《ひがた》となってあらわれ、その幅は場所によっては沖合六キロにも達する。このようにしてあらわれた干潟は、面積が最大で約二五〇平方キロにもなるという。

この広大な干潟は、ムツゴロウやワラスボ、ハクセンシオマネキ、アゲマキ、ミドリシャミセンガイ、オオシャミセンガイなどの多様な生物を育むとともに、それは当然、私たちに豊かな海の幸を提供してくれている。

有明海が「豊饒《ほうじょう》の海」と形容される所以はまさにここにある。

有明海東岸の貝塚群

有明海は、海の幸の恩恵にあずかっている私たちにとって、とても身近で何かと話題の多い海である。なかでも最近問題となった諫《いさ》早《はや》湾の干拓や全国の九割の生産量を誇るノリの不作などは、「自然と人間の共生」という今日的課題をあらためて私たちに突きつけている。

この有明海と人間とのかかわり

図1 ● 有明海沿岸に広がる干潟
干潟はさまざまに表情を変えながら、豊かな恵みを私たちに与えてくれる。

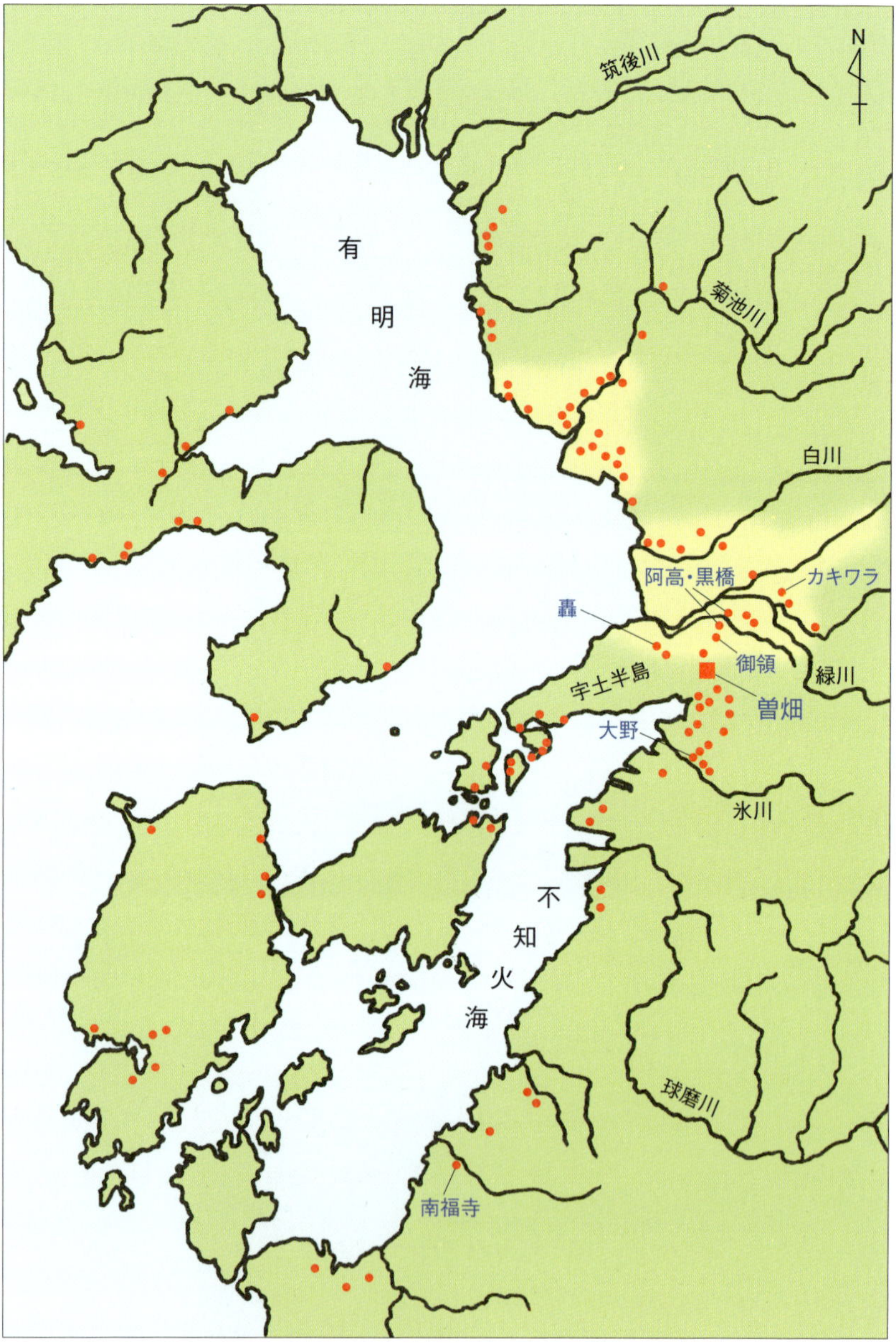

図 2 ● 有明海、不知火海沿岸の貝塚群
有明海や不知火海沿岸には数多くの貝塚が残されているが、そのなかでも東海岸沿いの熊本側に多い。この一帯は広い干潟が発達しているところである。

は、縄文時代以来、およそ六〇〇〇年間も続いてきた。そのことを物語るのが、有明海沿岸に点在する数多くの貝塚である。有明海沿岸の貝塚群は、仙台湾や東京湾、伊勢湾、瀬戸内海の貝塚群に比肩しうる、日本でも有数の規模を誇っている。そのなかでも東岸、熊本平野にはとくに多くの貝塚が残されている。その中心的な遺跡のひとつが曽畑《そばた》貝塚である。

曽畑貝塚は、熊本平野の南端部、雁回山《がんかいざん》の南西麓に発達した舌《ぜっ》状《じょう》の台地の先端部に位置する遺跡である。標高は七～八メートルで、沖積地との高低差は二～四メートルである。その広さは、現状の貝殻の分布からみて、東西方向約九〇メートル、南北方向約四〇メートルの約一八〇〇平方メートルである。ただし、もともとはさらに広大であったらしく、一説では、東西約一三〇メートル、南北約一〇〇メートルの範囲に及んでいたものと推測されている。

そして曽畑貝塚の名前を冠した「曽畑式土器」は、縄文時代前期後半、いまからおよそ五五〇〇年前に九州地方で盛んに使われた土器である。とても薄く仕上げられた器壁《きへき》、正確なタッチで鋭く刻まれた文様など、九州の縄文土器のなかでもっとも優美な土器のひとつである（22ページ、図17参照）。

このほか、熊本平野の南端部には著名な貝塚がいくつかあるが、その主な遺跡をつぎに紹介しよう。

図３●曽畑貝塚（低湿地部）から見た雁回山

轟貝塚　轟《とどろき》貝塚は、宇土《うと》市宮庄《みやのしょう》町に所在する轟式土器の標式《ひょうしき》遺跡である。宇土半島の基部の丘陵東端にあって、縄文時代前期前半、今からおよそ六〇〇〇年前のハイガイ、サルボウ、ハマグリなどを主体とした鹹水《かんすい》産の貝塚である。有明海東岸の貝塚のなかでもっとも古い遺跡として知られる。貝塚の規模は、東西約一〇〇メートル、南北約一五〇メートルと推定されている。国史跡には指定されていないが、その資格を十分に備えている。

阿高貝塚　阿高《あだか》貝塚は、城南《じょうなん》町阿高に所在する阿高式土器の標式遺跡である。雁回山北東端の低地にあって、縄文時代中期、今からおよそ五〇〇〇年前のハマグリやマガキを主体とした鹹水産の貝塚である。一九一六年（大正五）、浜戸《はまど》川周辺の耕地整理の時に人骨が出土したことによって世に知られることとなった。

黒橋貝塚　黒橋《くろばし》貝塚は、城南町下宮地《しもみやじ》に所在する。雁回山北東端の低地にあって、縄文時代中期から後期、今からおよそ五〇〇〇年から四〇〇〇年前のハマグリやマガキを主体とした鹹水産の貝塚である。一九七二年（昭和四七）、熊本地方を襲った集中豪雨で浜戸川の堤防が決

図4 ● 轟貝塚

図5 ● 阿高貝塚・黒橋貝塚

壊したことから、水田下に眠っていた貝層が洗い出された。

阿高貝塚と黒橋貝塚は、隣り同士で、かつ同じ年代であることから一つの貝塚ではないかと考えられている。そのため「阿高・黒橋貝塚」として、一括で国史跡に指定された。仮に同じ貝塚であるならば、南北約四八〇メートル、東西約一九〇メートルにもなり、巨大な貝塚ということになる。

御領貝塚　御領《ごりょう》貝塚は、城南町東阿高に所在する御領式土器の標式遺跡である。雁回山北東端の洪積台地先端にあって、縄文時代後期、今からおよそ三〇〇〇年前の貝塚である。貝殻の九八パーセント以上がシジミという淡水《たんすい》産の貝塚である。一九七〇年（昭和四五）に国史跡に指定された。もともと面積五万平方メートルにおよぶ西日本最大の規模を誇っていたが、大正期に焼石灰《しょうせっかい》生産のために大量の貝殻が採掘され、貝層の大半が失われたという。

2　貝塚に魅せられた研究者たち

E・S・モースの来訪

このように有明海東岸には多くの貝塚が存在するが、それらは明治以来、地域の多くの研究者、また中央の研究者がかかわって発掘調査・研究されてきた。

図6 ● 御領貝塚

その契機となったのが、日本の近代考古学の父とも称されているエドワード・S・モースの九州への来訪である。

モースは、もともとは「生きている化石」と呼ばれる腕足類《わんそくるい》の研究のために来日し、偶然の機会から東京帝国大学に招聘《しょうへい》されたアメリカ人動物学者である。彼が一八七七年（明治一〇）におこなった東京都大森貝塚の発掘調査は、わが国初の科学的な遺跡の発掘調査となったことから、日本の近代考古学の扉を開いた人物として、日本考古学史の巻頭を飾っている。

このモースが熊本を訪れたのは、一八七九年（明治一二）のことであった。モースの著作『日本その日その日』にしたがって、その時の模様を紹介しよう。

モースは、鹿児島から長崎への船旅の途中、熊本に立ち寄った。その目的は、地質学者ライマンが紹介した「大野村の貝塚」の調査のためであった。モースを乗せた船は高橋川河口から約八キロ離れた所に停泊し、モースは小さな艀《はしけ》に乗って陸へ向かった。上陸後、モースは熊本城の県知事高岡敬明《たかおかけいめい》を表敬訪問して接待を受けた。そして、翌朝五時に人力車で熊本を立ち、大野村へ到着し、発掘をはじめた。この発掘は、翌日も雨天のなかで続けられた。

調査では、「大森の貝墟に於ると同じく、食人の証痕を示す人骨の破片」を含む、たくさんの人骨が出土したという。モースは、大森貝塚の発掘で、石器時代人の間に「食人風習」が

図7 ● 大野貝塚
建物のある小高い丘の上に貝塚がある。

あったと論じて、当時多くの物議を醸したが、その考古学史に残る「食人」の記述が大野貝塚の記述のなかに見えるのも興味深い。また、「一本の人間の脛骨は並外れに平たく、指数五〇・二という、記録された物の最低の一つである」とも述べている。さらに、「異常な形の陶器も発見された」とも記述しているが、これはモースが見なれた関東地方の土器との違いを端的に表現したものとして興味深い。

　このモースによる大野貝塚の調査は、考古学史上、大森貝塚の調査の二年後におこなわれたという意味で特記に値するものであるが、それ以上に、その後の九州縄文時代研究に大きな影響を与えたという点で評価したい。

　というのは、一八九〇年（明治二三）に熊本の遺跡や遺物を調査した若林《わかばやし》勝邦《かつくに》は、その調査のきっかけをつぎのように記述している。

「肥後ハ天艸ノ内海ニ望ミ九州西南端中央部ノ海岸ヲ有セルヲ以テ嘗テモールス氏ノ研究セシ大野村ノ貝塚ノ他ニ尚遺跡遺物数多クアルベキヲ信ゼシニヨレリ又モールス氏ノ大野村貝塚ノ研究報告ハ終ニ世ニ出ザリシニヨリ此地方ノ状態ハ充

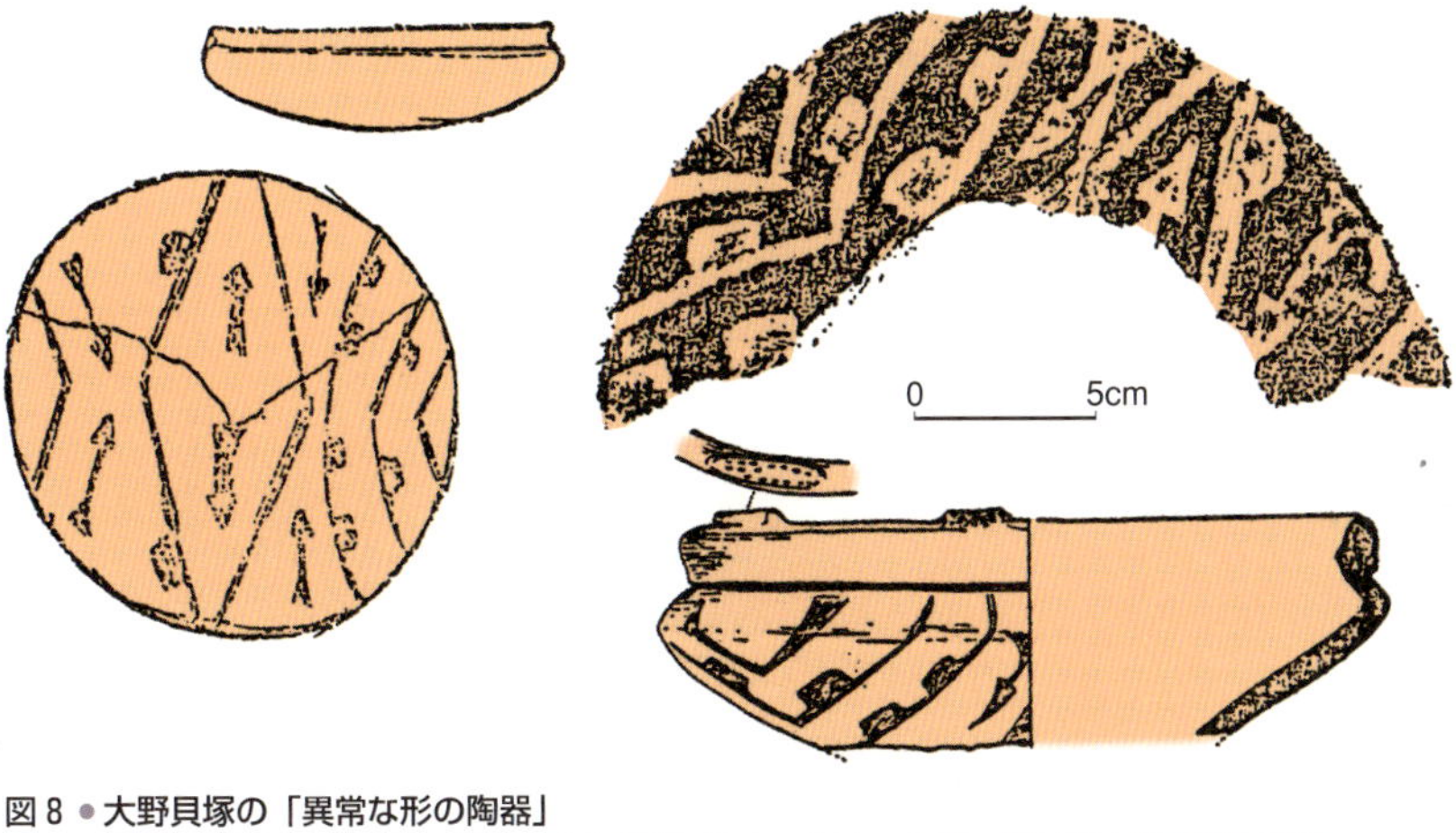

図8 ● 大野貝塚の「異常な形の陶器」
『日本その日その日』に掲載された挿絵（左）。右は、八幡一郎が出土地不明と報告したモースコレクションの「肥後発見の一土器」の実測図。同一のものである。

分知ルヲ得ザリシガ為メナリニ探求ノ報告ヲ記スベシ」（「肥後旅行談」『東京人類学会雑誌』五巻四九号、一八九〇年）

若林は、モースの大野貝塚の研究報告よって熊本の貝塚の重要性を認め、調査の必要性を痛感したのである。つまりモースが大野貝塚でおこなった調査がいかに全国的に注目を集めていたか、その結果、熊本の貝塚がいかに全国的に注目を集めるようになっていたかがわかるだろう。

ここでは、曽畑貝塚を中心に、熊本の貝塚に魅せられた研究者たちの足跡を追ってみよう。

曽畑貝塚最初の発掘者、若林勝邦

曽畑貝塚を最初に注目したのは、明治期に石器時代研究を積極的に推進した人類学者であり、考古学者でもあった、若林勝邦である。

若林が初めて熊本に足を踏み入れたのは、前述したように一八九〇年（明治二三）一月三日のことである。そして、一月三一日に帰京するまでの間、曽畑貝塚のほか、県内各地の遺跡や遺物を調査した。その時の調査記録が「肥後旅行談」（前掲）である。

若林は、このなかで曽畑貝塚の規模を「面積凡ソ七畝貝殻堆積ス厚サ凡ソ三尺トス昔ハ二三町ニ渉リシガ如シ」と記述した。また、その時の調査では、磨製石斧《ませいせきふ》一点、土器（口縁部《こうえんぶ》、底《てい》部《ぶ》、胴部《どうぶ》）数点、獣骨《じゅうこつ》一点、貝殻（牡蛎《かき》、蛤《はまぐり》、さ、め、あさり、志、がひ）が出土した。

土器では、「土器ハ縁、腹部ニ種々ノ摸様ヲ附ス刻ミ目ノ並行アリ斜線ノ交叉アリ表裏ニ画ケル斜線アリ縄紋ヲ印セルアリ各種趣ヲ異ニセリ」との記述がある。このなかの「刻ミ目ノ並行アリ斜線ノ交叉アリ表裏ニ画ケル斜線アリ」との指摘こそは、曽畑式土器の文様の特徴を良く表現したもので、曽畑式土器研究史における最初の記述といえる。

このほか明治期においては、寺石正路《てらいしまさみち》が若林の報告と同じ年の一八九〇年に採集資料を紹介している（「九州の貝塚」『東京人類学会雑誌』五巻五三号、一八九〇年）

大正期に入ると、中山平次郎《なかやまへいじろう》が曽畑貝塚採集の土器を紹介した。彼は、九州帝国大学教授で病理学の専門家である一方、九州の先史時代研究の基礎を築いた考古学者でもある。中山は、一九一八年（大正七）に発表した「肥後国宇土郡花園村岩古曽《いわこそ》字曽畑貝塚の土器」（『考古学雑誌』八巻五号）のなかで、曽畑貝塚が「此遺蹟は多数研究者の熟知せら

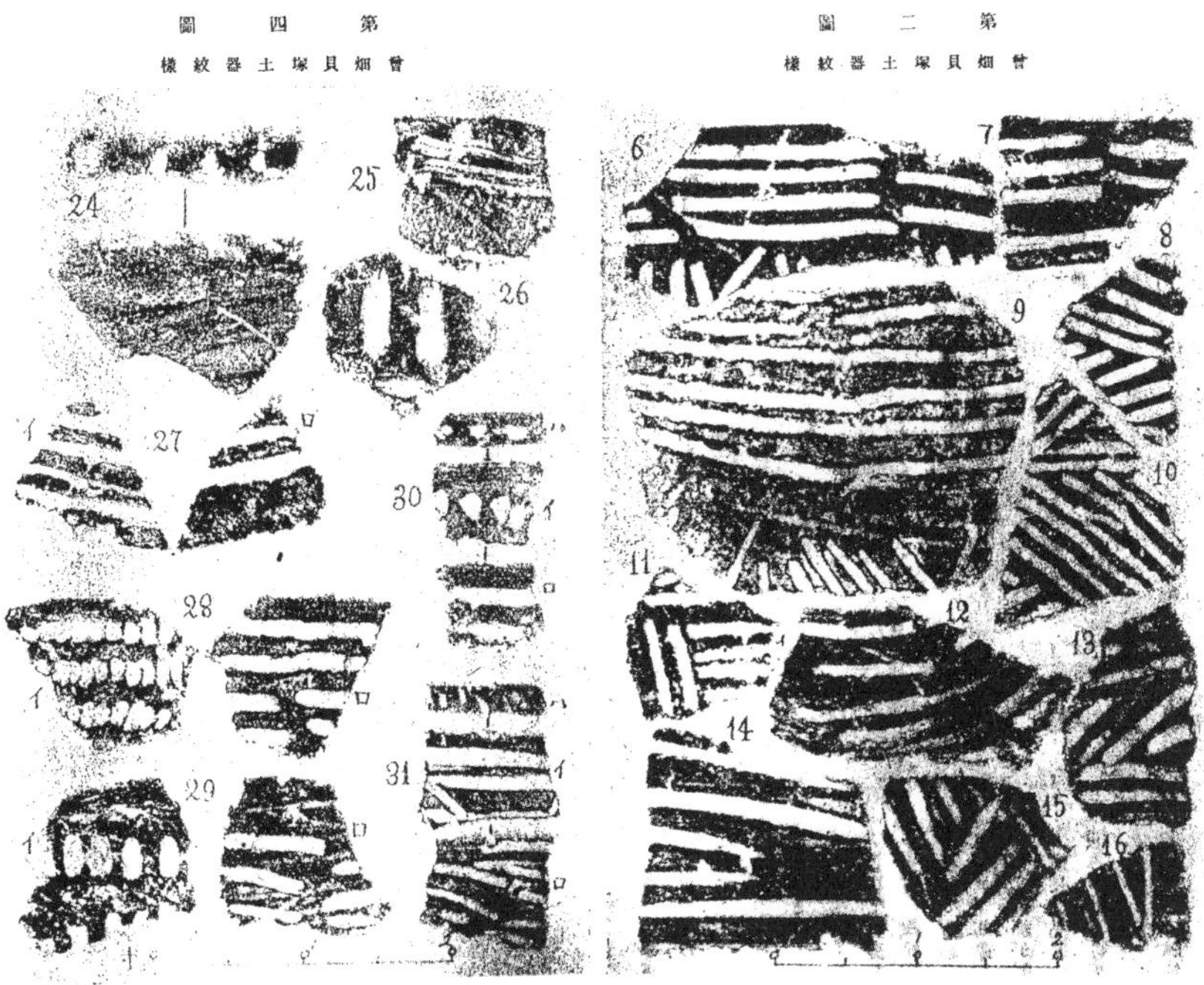

図9 ● 中山平次郎が紹介した曽畑貝塚の土器
中山が曽畑貝塚で採集した土器のなかに、多くの曽畑式土器が含まれていた。

る、ものに相違無く其所在や現状や貝層等に就て特に説明する必要もなさゝうで」と紹介した。この記述からも、曽畑貝塚が広く学界に知られていた貝塚であったことがわかるだろう。また、曽畑貝塚の土器について、若林の記述を引用しながら、文様の施文方法を中心にその特徴を説明している。

清野謙次の発掘調査

曽畑貝塚を本格的に発掘調査した最初の研究者は清野謙次《きよのけんじ》である。彼は、京都帝国大学教授で病理学分野の世界的権威である一方、縄文時代研究に大きな足跡を残した考古学者でもあった。

清野は、一九二二年（大正一一）三月、松橋《まつばせ》町の大野貝塚の調査完了後に曽畑貝塚を訪れた。その時の感動を「考古漫録　七十六　肥後国宇土郡花園村大字岩古曽字曽畑田貝塚　附貝輪の用途」のなかで、つぎのように紹介している。

「古賀君と僕とは、うららかな春の光をあびながら人力車にゆられて、北方里余の曽畑田貝塚に着いた。（中略）貝塚の東から南には山を繞らし、西から北にかけては遠く肥後の水田が潤けて居る。貝塚は小高い岡の上にあって、其大部分は桑畑となって居る。唯貝塚の西南端の一番低い所は、当時土取りの最中らしく荒らされて居る。其の部分の地主は曽畑田の人で木村定次郎氏と云ふ。僕等は同氏を訪うて来意を告げ、再び貝塚に行った。木村氏の話では、自分の所有地の一部に貝塚があって地味が悪いから、貝殻と土壌とを運び去って低い水田にする筈で、目下著手中だと云ふ。目下残って居るのは水田上二三尺の畑地五十坪許りである。（中略）断層を検査すると二尺内外の貝層が見える。すでに土取りした所から人骨が出たと云ふ。其一片を捨てた所を捜してもらったのに、まぎれも無き石器時代の人骨の大腿骨の一片が出て來たので、僕は残部を発掘す可く決心した。」

これがきっかけとなって、清野は、翌年の三月二日、曽畑貝塚の発掘調査をおこなった。その時の調査では、カキ、ハマグリ、サルボウ、アカガイ、ツメタガイ、テングニシ、アカニシなどからなる貝層が「二尺内外」みられ、五体分の人骨、磨製石斧や打製《だせい》石斧、敲石《たたきいし》、石皿《いしざら》などのわずかな石器、曽畑式土器、轟式土器、阿高式土器、鐘崎《かねさき》式土器などの土器の破片、さらにわずかな獣骨や魚骨、鳥骨、鹿角《ろっかく》などの自然遺物が出土した。

なお、清野は、曽畑貝塚の調査に前後して、一九二〇年（大正九）に阿高貝塚、一九二二年（大正一一）

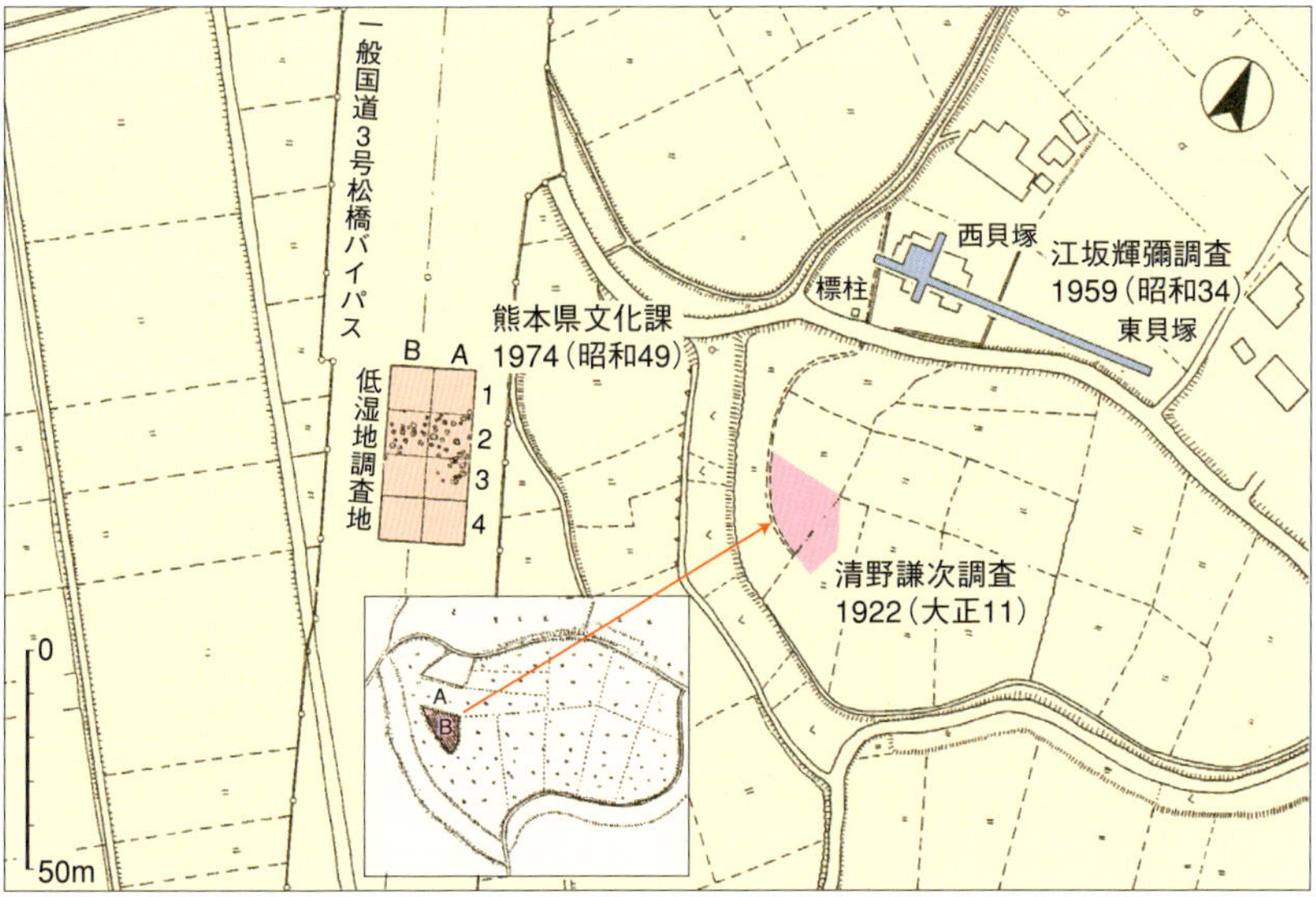

図10● 曽畑貝塚の発掘履歴
曽畑貝塚では、清野謙次、小林久雄、江坂輝彌、熊本県教育委員会、宇土市教育委員会が調査をおこなっている。

に大野貝塚、一九二三年（大正一二）に上益城《かみましき》郡嘉島《かしま》町のカキワラ貝塚を調査している。これらの調査には、地元研究者の協力があったということで、「熊本県の遺跡研究には、同地の史蹟調査会の助力に感謝の意を表せない訳には行かぬ。古賀・平野・下林・角田等の諸氏は、その目的とする所を良く了解せられて、非常な努力を以て事に当られて居る」「日本の府県に於ける最も進歩したる組織として、賞揚すべきものだろうを思ふ。」と紹介している。これは大正期の熊本の考古学研究がいかに充実していたかを、私たちに教えてくれている。

小林久雄と九州縄文土器編年のはじまり

昭和期になると、清野が熊本医科大学の講演のために、一九二七年（昭和二）に再度熊本を訪れている。つづいて、一九三〇年（昭和五）に鳥居《とりい》龍蔵《りゅうぞう》が熊本を訪れ、御領貝塚などの調査をおこなっている。こうした当代一流の人類学・考古学者の訪問が続いたことは、地元の研究者の知的欲求を刺激して、肥後考古学会の創立を促すことになった。

この肥後考古学会の中心的なメンバーのなかに、小林《こばやし》久雄《ひさお》がいた。

小林は、一八九五年（明治二八）、熊本県下益城《しもましき》郡隈庄《くまのしょう》町（現城南町）に、江戸前期より

図 11 ● 鳥居龍蔵の御領貝塚発掘
鳥居（左端）の来熊は熊本の考古学に大きな影響を与えた。それは小林久雄にとっても例外でなく、小林はこの調査をきっかけに考古学研究に進むこととなった。

代々医業を家業とする小林家の九代目として生まれた。一九一四年（大正三）、熊本医学専門学校に入学し、山崎春雄《やまさきはるお》のもとで解剖学を学んだ。

一九一六年（大正五）、前述したように、浜戸川周辺でおこなわれた耕地整理の際に大量の人骨が見つかり、阿高貝塚が発見された。この時、山崎が発掘調査のメンバーに加わったことから、小林もその手伝いをすることになった。当時三年生、弱冠二〇歳の小林は、阿高貝塚の南一帯が自家の所有地であったという偶然も重なり、生家の隈庄町一帯に貝塚があることを知って、考古学に興味をもったようである。

一九一八年（大正七）に卒業し、京都帝国大学医学部松浦内科に勤務したが、病気のために帰郷し、隈庄町で医院を開業した。一九三〇年（昭和五）、鳥居龍蔵が御領貝塚を発掘した際に、それに参加する機会をえた。阿高貝塚で興味をもち、心のなかで大切に育ててきた考古学への思い、彼と親交のあった藤《ふじ》森栄一《もりえいいち》の言葉を借りれば、「心の灯」があざやかに炎となった瞬間であった。そして、開業医の余暇を割いての調査・研究であったから、フィールドは熊本平野の南端部、現在の城南町から宇土市を中心とせざるをえなかったが、精力的に貝塚などの調査・研究をおこなっていったのである。

図12●南福寺貝塚発掘時の小林久雄（中央）
小林は、有明海・不知火海沿岸の貝塚を発掘するなかで、九州の縄文土器の編年を整備していった。

その小林の最初の発掘調査が曽畑貝塚で、一九三〇年、つまり鳥居が御領貝塚を発掘した直後のことである。また、同じ年、下益城郡松橋町の大野貝塚、宇土郡不知火《しらぬい》町の不知火貝塚の発掘も手掛けた。翌三一年には、八代《やつしろ》郡竜北《りゅうほく》町の西平《にしびら》貝塚、宇土市の長浜《ながはま》貝塚、松橋町の大野貝塚、さらに翌三二年には、阿高貝塚、松橋町の宮島《みやじま》貝塚、水俣《みなまた》市の南福寺《なんぷくじ》貝塚を発掘した。そして、一九三五年（昭和一〇）には、小林の考古学研究の起点となった御領貝塚の発掘というように、貝塚遺跡だけでも一一回にもおよんだという。

小林は、こうした貝塚遺跡の発掘調査の成果をもとに、一九三五年にその編年のあらましを「肥後縄文土器編年の概要」（『考古学評論』一巻二号）と題してまとめた。また、一九三九年（昭和一四）の「九州の縄文土器」（『人類学先史学講座』一一巻）では、九州地方の縄文土器を前期、中期、後期の三時期区分する編年案を発表した。

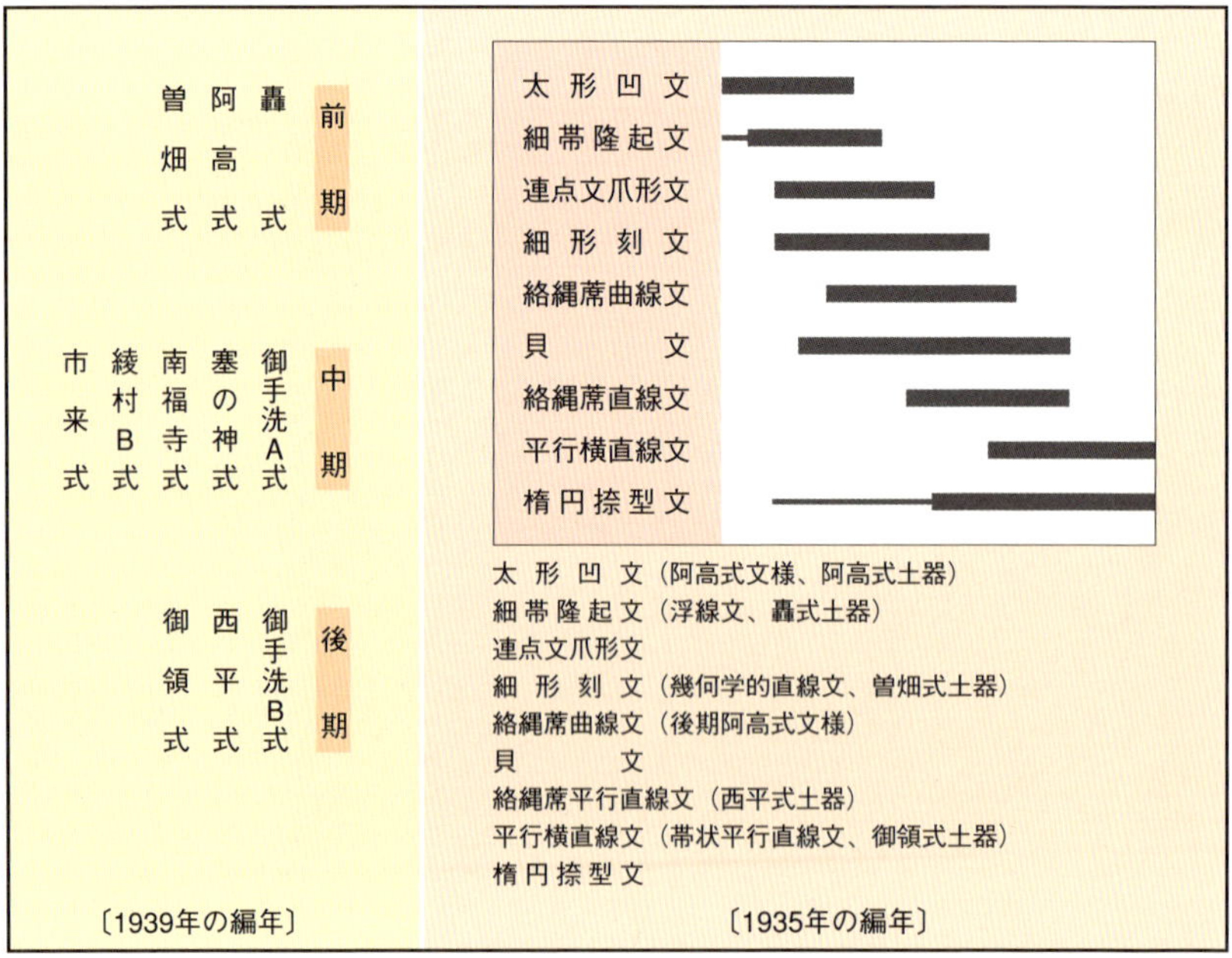

前期
轟式
阿高式
曽畑式
中期
御手洗A式
塞の神式
南福寺式
綾村B式
市来式
後期
御手洗B式
西平式
御領式
〔1939年の編年〕
太形凹文
細帯隆起文
連点文爪形文
細形刻文
絡縄蓆曲線文
貝文
絡縄蓆直線文
平行横直線文
楕円捺型文
太形凹文（阿高式文様、阿高式土器）
細帯隆起文（浮線文、轟式土器）
連点文爪形文
細形刻文（幾何学的直線文、曽畑式土器）
絡縄蓆曲線文（後期阿高式文様）
貝文
絡縄蓆平行直線文（西平式土器）
平行横直線文（帯状平行直線文、御領式土器）
楕円捺型文
〔1935年の編年〕

図13●小林久雄の2種類の九州縄文土器の編年

そのなかに記載されている土器型式は、前期の轟式・曽畑式・阿高式、中期の御手洗《みたらい》A式・塞ノ神《せのかん》式・南福寺式・綾村《あやむら》B式・市来《いちき》式、後期の御手洗B式・西平式・御領式と、後に編年的位置づけに変更はあっても、今日の九州の縄文土器型式の中核をなすものばかりである。とくに塞ノ神式と市来式以外は、小林が型式設定をしたもので、しかも、その多くが彼がフィールドとした熊本平野の南端部の貝塚群を標式遺跡としていることから、小林が九州の縄文土器編年の骨格をつくったと評価されている所以である。

なお、小林は、戦後、城南町長として町政を引っ張った政治家であり、学問的にも評価が高い『城南町史』（一九六四年）を企画した行政内考古学者であるなど、多彩な顔をもち、熊本では異彩を放っていた。

図 14 ● 御領貝塚の発掘
上：調査スタッフ（左端が小林久雄、右端が坂本経堯）
下：御領貝塚の厚く堆積した貝層

江坂輝彌と曽畑式土器の位置づけ

戦後、曽畑貝塚にかかわった研究者を代表するのは、慶応義塾大学教授であった江坂輝彌《えさかてるや》である。江坂は、一九五九年（昭和三四）に九州の縄文土器の編年を明らかにすることを目的として、曽畑貝塚の本格的な発掘調査をおこなった。この調査には、肥後考古学会のメンバーとともに、乙益重隆《おとますしげたか》（当時、熊本女子大学助教授）と賀川光夫《かがわみつお》（当時、別府大学助教授）もスタッフとして参加した。

この時の発掘では、清野の調査区とは異なる東西二つの貝塚が対象となったが、西貝塚で縄文時代後期（鐘崎式土器、市来式土器）の層、その下に前期（曽畑式土器）の層、さらにその下に前期（轟式土器）と早期（山形押型文土器《おしがたもん》）の層が堆積していることが明らかとなった。ここに、曽畑式土器が縄文時代のなかで、いつ頃のものであるかという、編年的な位置づけがある程度定まったのである。

そして、研究者の興味・関心は、次には朝鮮半島の櫛目文土器《くしめもん》からの影響という土器の出自問題に移っていくことになる。その意味で、この時の発掘は、曽畑貝塚の研究において新しい見方を招くきっかけとなったのである。

図15● 曽畑貝塚（江坂輝彌調査地）

第2章　曽畑式土器の世界

1　曽畑式土器とは

曽畑式土器の形と文様

曽畑式土器は、丸い底から口縁までわずかに開き気味に立ち上がる、丸底《まるぞこ》の筒形をした土器である。このほかに、わずかに口縁下でややしゃくれ気味にすぼまって、その先端の口唇《こうしん》が外に開くという、壺《つぼ》に似た形の深鉢形《ふかばちがた》や、ボウルのような形の浅鉢形《あさばちがた》などもある。

滑石《かっせき》を混ぜ込んだ粘土でつくられることが多く、表面の触感も滑らかなものが多い。

一方、目立つ特徴は、細かく幾何学《きかがく》形に配置された線刻文様《せんこくもんよう》である。文様は、とがった棒などの施文具《せもんぐ》の先を直接土器の器面《きめん》に押し当ててつけられる。その文様の種類には、施文具を突き刺すことによって文様をつける刺突文《しとつもん》、刺突を何度もくり返して文様をつける刺突連点文《しとつれんてんもん》、それに施文具を押し当てて、横や縦、あるいは斜めに引っ張って文様をつける沈線文《ちんせんもん》などがあ

曽畑式土器の材質

多量の滑石の粉が混ぜられていることが多い。このため土器の表面の色は白っぽく、肌触りはスベスベしている。

曽畑式土器の文様

右：刺突連点文

複雑な沈線文

綾杉沈線文

平行沈線文

図 16 ● 曽畑式土器の特徴

る。

器面には、これら文様をさまざまに組み合わせることによって、種々の文様がつけられる。その組み合わせ方は、並走させた平行沈線文、左斜めと右斜めの二方向の沈線文を並べた綾杉《あやすぎ》沈線文、それらを連続させた鋸歯《きょし》沈線文、重ね合わせた格子目《こうしめ》沈線文、同じ方向の文様で三角形の範囲を充たせた三角沈線文、それを複数組み合せた連続三角沈線文、四角形の範囲を充たた四角沈線文等々、とじつに多様である。また、一種類から数種類の文様で充填《じゅうてん》させた、帯状の文様の単位、すなわち文様帯を一条から六条ほど配置してもいる。

曽畑貝塚出土の曽畑式土器

曽畑貝塚と曽畑貝塚低湿地で見つかった曽畑式土器には、その全体の形や文様のわかるものが相当数含まれている。そこで、写真や実測図で公表されている、曽畑貝塚出土の土器五点（図17、1〜5）、そして曽畑貝塚低湿地出土の土器七点（図18、6〜12、）の一二点を選び出し、それらの土器の形や文様、文様帯などの特徴を解説していこう。なお、曽畑貝塚（ここでは、貝塚と略）と曽畑貝塚低湿地（その発掘調査については第3章参照。ここでは、低湿地と略）は、いわば「曽畑貝塚遺跡」という同一遺跡内の立地の違う地点を示しているにすぎないが、ここでは、記述の便宜から二つに分けて解説していることを断っておきたい。

曽畑式土器には、丈が低い浅鉢形と丈が高い深鉢形がある。

浅鉢形の土器は、底が丸く、縁がまっすぐに通る、ボウルのような形の土器（1）である。

深鉢形の土器では、貝塚に四点（2〜5）、低湿地に七点（6〜12）がある。それらの形は土器ごとに微妙に違っている。たとえば、縁の開き具合では、まっすぐ通ったもの（2、6、7、8、9、10、11）、外側に弱く開いたもの（3、5）、外側に強く開いたもの（4、12）というように、じつに微妙な違いがある。また、横からみた形では、丸い底から筒状にあまり開かないもの（2、6〜9、11）、大砲の弾のように丸い底から少しずつ開くもの（3〜5、10、12）がある。

文様には、すでに述べたように、その施文の仕方で、刺突文、刺突連点文、沈線文の三種類に分けられる。貝塚の土器では刺突連点文と沈線文が一番多く、低湿地では刺突連点文と沈線文が中心である。土器表面の文様帯は、これらの文様を組み合させている。

四条の文様帯をもつものは、貝塚3、低湿地6である。見つかった曽畑式土器のなかで、もっとも装飾性にあふれた、複雑な文様の土器である。

3は、短く横走する沈線文の口縁下の文様帯、縦位

図17 ● 曽畑貝塚出土の曽畑式土器

の沈線文の文様帯、短く横走する沈線文の文様帯、縦位の沈線文の文様帯である。6は、刺突連点文の口縁下の文様帯、口縁と胴を区画する沈線文の文様帯、胴上半の三角沈線文の複合による文様帯、胴下半の横走する平行沈線文の文様帯である。沈線文は、太くしっかりした線で力強く引かれている。

　三条の文様帯をもつものは、貝塚4である。口縁下に横走する沈線文の文様帯、胴部上半に三角沈線文の複合による文様帯、その下に横走する平行沈線文の文様

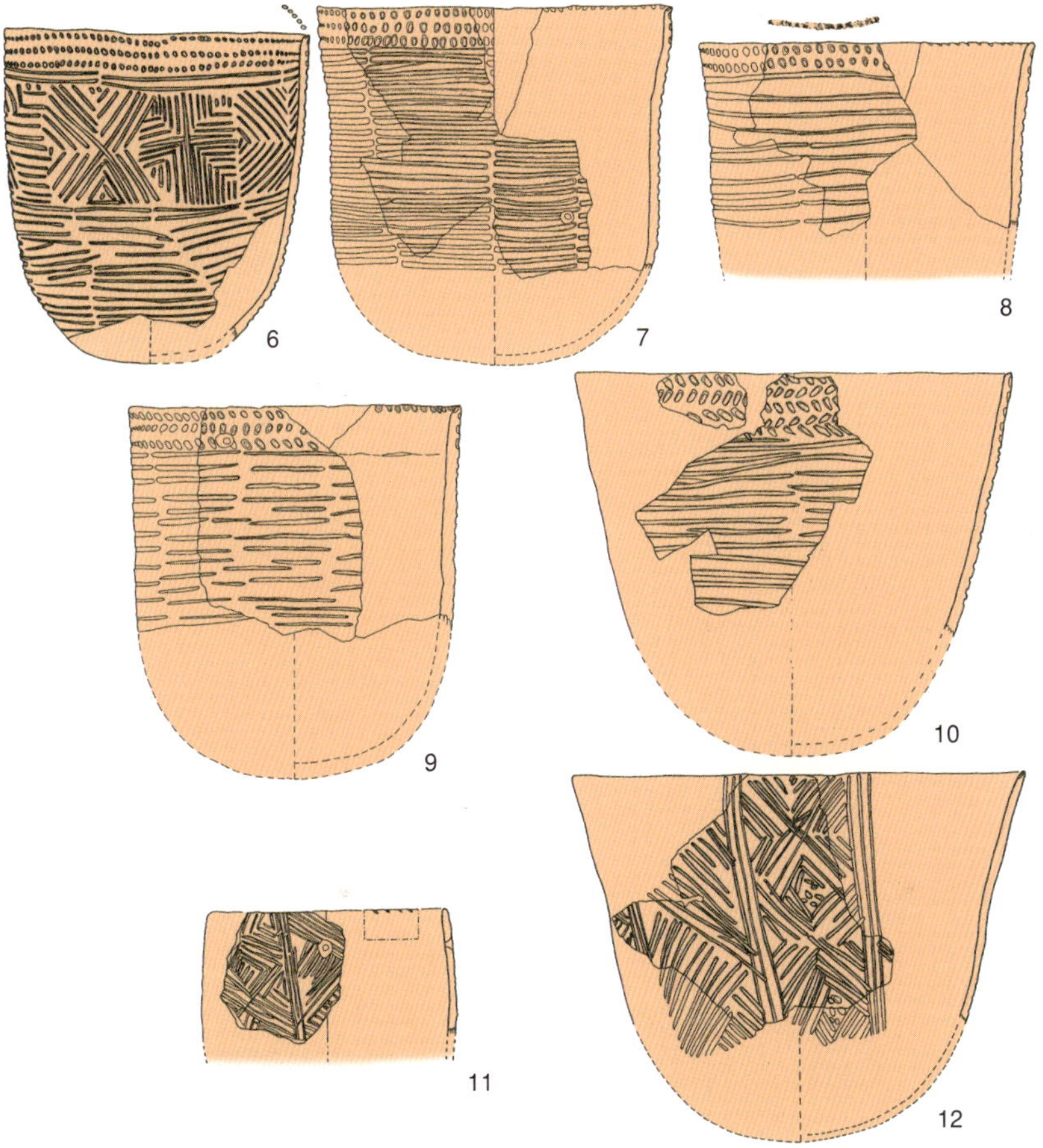

図18● 曽畑貝塚低湿地出土の曽畑式土器

帯である。比較的シンプルだが、太くしっかりした沈線文が力強く引かれている。

二条の文様帯をもつものは、貝塚5と低湿地7～10である。5は、口縁下に縦走する稲妻状の平行沈線文の文様帯、その下に横走する沈線文の文様帯である。7～10は、口縁下に刺突連点文の文様帯、胴の横走する沈線文の文様帯がある土器である。これらの土器は、装飾性が弱く、シンプルであるが、、太くしっかり付けられた、力強い沈線文である。

一条の文様帯を持つものは、貝塚1、2、低湿地11、12の土器である。これらは、曽畑貝塚で見つかった曽畑式土器の中で、もっともシンプルな土器である。1と2は、土器の表面の全面に平行沈線文を付けた土器である。11と12は、縦走する沈線文と三角沈線文の複合による文様帯の土器である。

2　編年の追究と朝鮮半島起源論

曽畑式土器編年のはじまり

この曽畑式土器は、曽畑貝塚で発見された土器を標式資料として、小林久雄によって型式設定された。小林は、一九三〇年の「益宇三郡の貝塚に就いて」（九州日日新聞、一九三〇年一二月七、九、一一日）のなかで、一一カ所の貝塚が集まる上益城・下益城両郡と宇土郡を全国的にも有数の貝塚分布地域であると評価した。そして、「アイヌ式土器（縄紋式土器）」を「阿高土器」と「御領土器」に分け、土器の形や文様による特徴、色や光沢による器面の特徴、硬さや吸湿性などによる焼き具合の特徴から、「阿高土器」→「御領土器」という編年関係を明らかにした。

この見解は、翌年に発表された「阿高貝塚及御領貝塚の土器に就て」（『地歴研究』七篇三〜八号、一九三一年）で、さらに詳細なものとなった。また、阿高貝塚には マガキが、御領貝塚にはシジミが多く出土することから、その貝類相の違いをもとに、阿高貝塚が古く、御領貝塚が新しいという、貝塚の時期差を推定するという新たな視点も加味した。

小林は、「益宇三郡の貝塚に就いて」では阿高式土器と曽畑式土器の文様を比べて、曽畑式土器が「遥かに優れたる手法を示し、土器製作の技術も格段の進歩を示してゐる」と考えた。そして、阿高式土器が主体の阿高貝塚を最古に、その後に曽畑式土器をもつ轟貝塚や曽畑貝塚などが営まれたものと推定したのである。

九州内での編年の限界

この編年は、今日の縄文土器編年からみれば明らかに年代の位置づけが間違っている。小林も、一九三九年に発表した「九州の縄文土器」で、従来の認識に疑問を呈している。この論文は九州の縄文土器編年の骨格をつくったと評価されているが、そのなかで小林は「曽畑式土器は阿高式土器に比し遥に優秀であり比較年代も相当降下せしむべきもの」としながらも、つぎのような点で慎重に取り扱うべきであるとした。
・「其製作に於て全く色調を異にし厚薄の差があり、表面は滑沢」であること

・「形態的にも阿高式末期の所産である山形隆起取手の存在を見ない」こと
・「文様の著しい相違は（中略）太形凹文と細形刻文と全く対蹠的存在であり、器内面の施文の如き阿高式に見ざるところ」であること
・「阿高式乃至南福寺式口縁の鋸歯状凹凸が曾畑では列点刻目となっているに過ぎずして、其間著しい縁故の薄弱さ」、「文様的に多少の類縁を思わせる南福寺等の阿高式硬化文様よりの変化も亦追及困難」であること

古い論文なので、用語や言い回しにむずかしい面があるが、要は、曽畑式土器のはじまりが九州内では追うことができないのではないか、という思いに至ったのだった。

それまでの研究が九州内で型式学的特徴を理解しようとしたのとは、明らかな違いである。おそらく小林は、土器研究を進めれば進めるほど、曽畑式土器と他の型式の土器との間の型式学的な

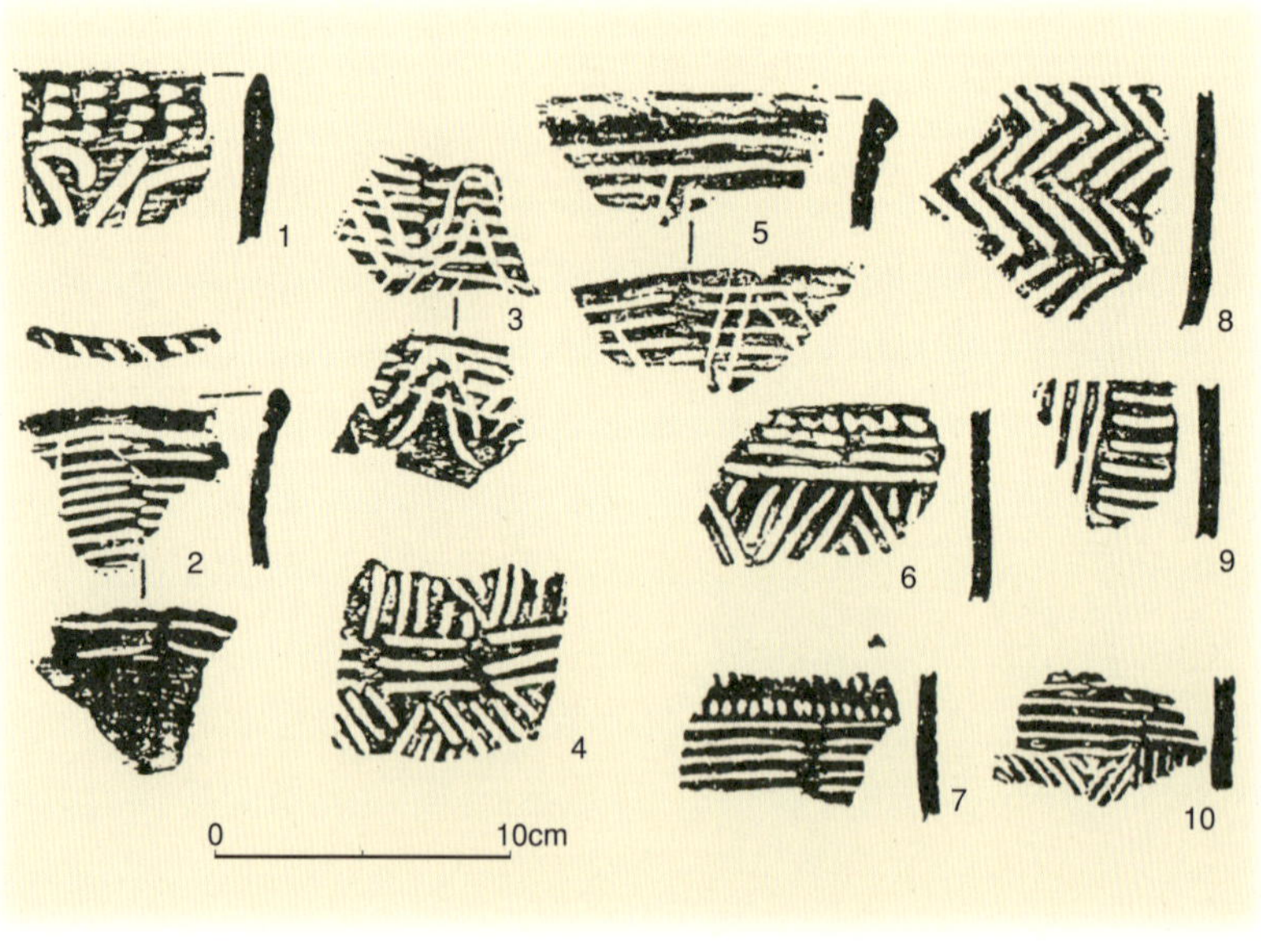

図19● 小林久雄の曽畑式標式土器
小林は、「九州の縄文土器」のなかで、これらの土器を標式に曽畑式を設定した。

ギャップを意識するようになり、やがて朝鮮半島での調査成果を知るなかで、このような認識に至ったのだろう。

その上で小林は、「阿高式乃其類縁土器よりの推移を求めることは困難で、全く他の文化的要素の介入と考えざるを得な」く、「東三洞《トンサムド》及牧ノ島瀛仙《ヨンソン》町貝塚土器と対比すべきもので、其三角組合文及異方向の集束平行線の組合の如き、文様としての類縁を辿る事が出来」るとの考えを明らかにした。これこそが曽畑式土器の朝鮮半島起源論のはじまりである。

朝鮮半島起源論の進展

その後、曽畑式土器の朝鮮半島起源論については、一九五六年（昭和三一）に、藤田亮策《ふじたりょうさく》が「外国文化との関係」（『図説日本文化史大系』一巻、小学館）のなかで、佐賀県西唐津《からつ》の海岸で発見された櫛目文土器は、「朝鮮の西生浦・釜山牧の島・平壌梧野里などの土器と全く同性質である。沿海州から朝鮮を通り、南満州にわたる櫛目文土器系統の伝来であることは疑う余地がない。九州にはこの土器の系統を引き、いくらか変化したと思われるものが、このほかにも少なくなく」と触れている。

この記述で藤田は、遠まわしの表現ながら、曽畑式土器が朝鮮半島の櫛目文土器と関係があって、その櫛目文土器が変化したものであることを示唆したのである。

さらに一九六二年（昭和三七）、杉村彰一《すぎむらしょういち》が、「曽畑式土器文化に関する一考察」（『熊本史学』三三号）を発表し、曽畑式土器を第一類（佐賀県西唐津海底遺跡）、第二類（曽畑貝塚）、

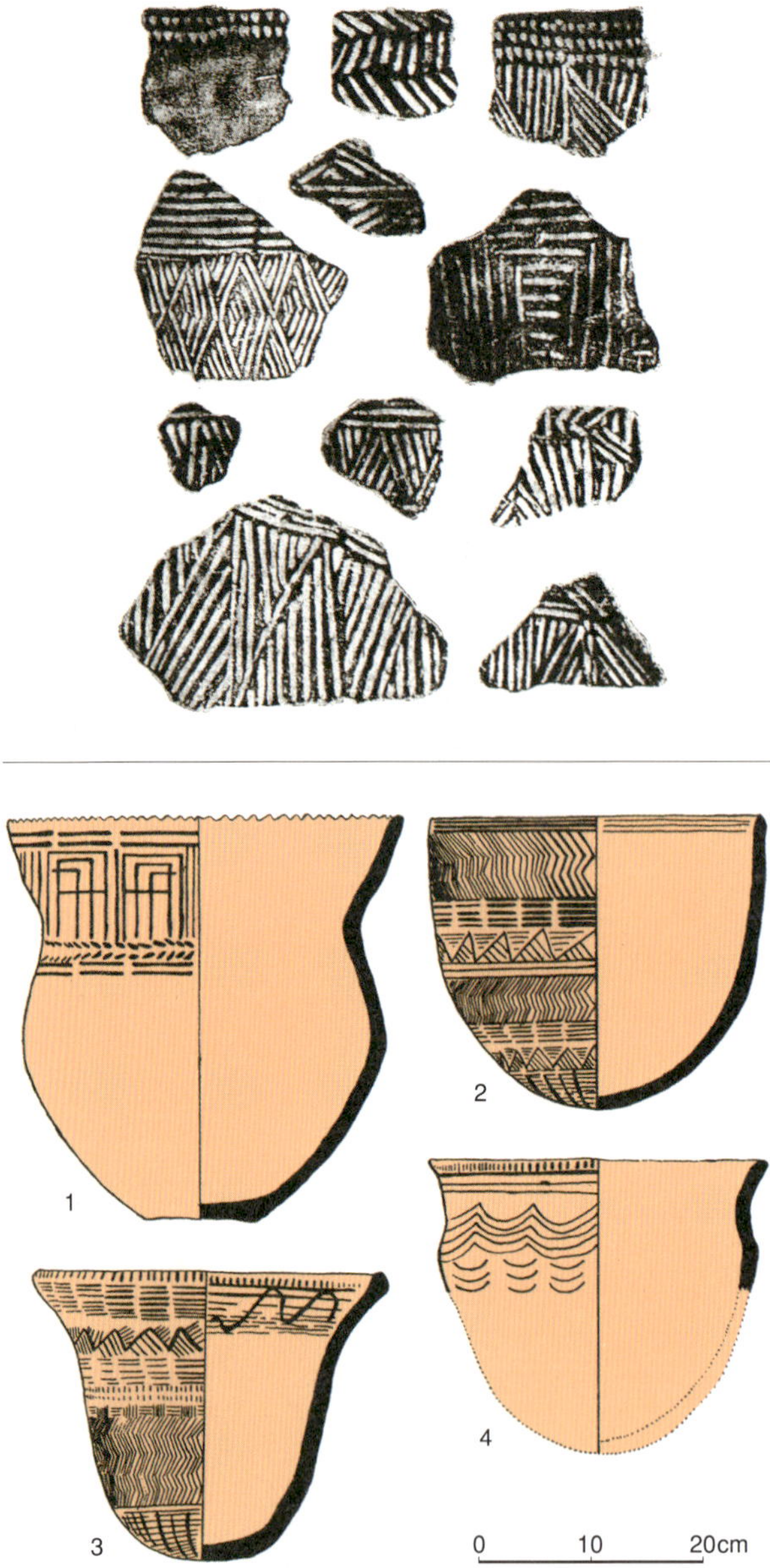

第一類

佐賀県西唐津
海底遺跡

（藤田 1956より）

第二類

1、2 曽畑貝塚

3 鹿児島県
本城遺跡

第三類

4 鹿児島県
日勝山遺跡

（杉村 1965より）

図 20 ● 曽畑式土器の杉村彰一編年
杉村は、曽畑式土器の文様の変遷と分布範囲の移り変わりから、土器編年を組み立てた。

第三類（鹿児島県日勝山《ひかちやま》遺跡）の三つに分類し、第一類↓第二類↓第三類という土器の移り変わりを説いた。それは五島《ごとう》列島や沖ノ島《おきのしま》、九州北部の沿岸部など、朝鮮半島に開けた地域にあらわれた土器（第一類）が、曽畑貝塚の土器（第二類）に変化したというもので、小林の観点に通じるものであった。

朝鮮半島の櫛目文土器と曽畑式土器

朝鮮半島の櫛目文土器と曽畑式土器との関連性を積極的に論じたのが江坂輝彌である。たとえば「櫛目文系土器がこの時期に西北九州地方に波及して成立した文化であると見做して差支えない」（「朝鮮半島櫛目文土器と西九州縄文前期文化の曽畑式土器との関連性について」『考古学ジャーナル』一二八号、一九七六）と、それは明快である。

その根拠は、文様の共通性のほかに、粘土に滑石や石綿《いしわた》を混ぜ込んだ土器胎土《たいど》の共通性、放射性炭素年代測定値の近似性である。

同じ時期に、坂田邦洋《さかたくにひろ》は、曽畑式土器と櫛目文土器との関係についての知見を深めるための調査研究を、一九七三年から一九七六年にかけておこなった。韓国の東三洞遺跡の土器の再検討、対馬や五島列島の縄文時代遺跡（越高《こしだか》遺跡、江湖《えご》貝塚）の発掘調査、熊本県の尾田《おだ》貝塚の発掘調査である。また、近年、江本直《えもとすなお》や水ノ江和同《みずのえかずとも》らもその両者の関係を積極的に評価しようとしている。

さらに、渡辺誠《わたなべまこと》や甲元眞之《こうもとまさゆき》、山崎純男《やまさきすみお》、島津義昭《しまづよしあき》らは、縄文時代における全体的な認識のな

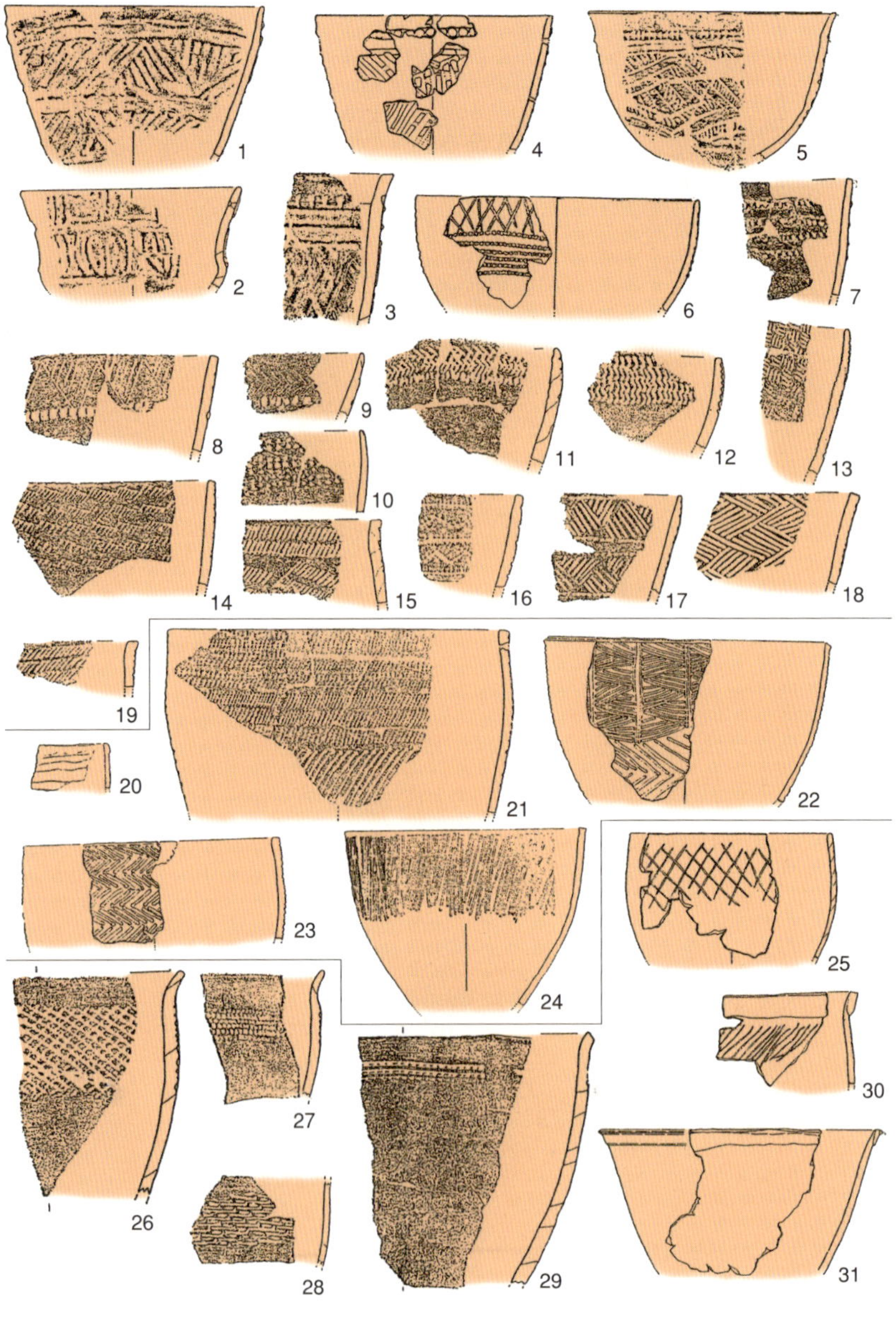

図 21 ● **朝鮮半島南海岸の隆帯文土器・櫛目文土器**（広瀬 1992 より）

かで、土器だけではなく、後に紹介するように、結合釣針《けつごうつりばり》や銛頭《もりがしら》などに使われた石器の類似から曽畑式土器の時期の日本と半島の関係に注目するとともに、「交流」という切り口で、一歩踏み込んだ評価を下すようになっている。

このように、小林からはじまった曽畑式土器朝鮮半島起源論は、一九七〇年代の江坂による明快な評価が一つの画期となり、土器そのものだけでなく、そのほかの道具の類似性にも評価が加えられるなど、多彩になってきた。曽畑式土器朝鮮半島起源論に、一定の評価が定まったと理解してもいいだろう。

また、朝鮮半島と九州の中間の対馬では、九州と朝鮮半島の両地域の土器がともに出土することはよく知られていることである。

慎重論と新しい視野

ただし、その一方で、慎重な意見も根強い。その代表的な研究者の一人が中村愿《なかむらすなお》で、彼は曽畑式土器が日本列島のなかで生まれたと考えた（「曽畑式土器」『縄文文化の研究3　縄文土器I』一九八二）。具体的にいえば、轟B式土器と曽畑式土器との間に「野口《のぐち》・阿多《あた》タイプ」を置くとともに、曽畑式土器が「瀬戸内の羽島下層《はじまかそう》Ⅱ式土器の影響下」、この「野口・阿多タイプ」から生まれたと考えたのである。

ところで、轟B式土器は、轟貝塚から見つかった土器を標式に、小林久雄が呼びはじめた土器型式である。ハイガイの縁で土器の表面を整えた時の引っ掻き傷――条痕《じょうこん》をそのまま残し、数条の粘土の紐《ひも》が胴部の上半部に貼りつけられた「細帯《さいたい》隆起文《りゅうきもん》」「細隆起線文」をもつ条痕土器である。

この特徴を見ても、沈線文の曽畑式土器との間には相当の開きがあり、文様的にほとんど関連が見出せそうにもないのである。

ところが、この二つの土器型式を関係づける土器として、中村は、野口遺跡や阿多貝塚で見つかった土器に注目した。それは、あたかも轟B式土器と曽畑式土器の特徴を併せもっているかのような、粘土紐を貼りつけるとともに、沈線文が引かれた土器である。

中村は、その土器をして「みみず張れ突帯文《とったいもん》の土器が沈線文へ置き変えられてゆく過程」のものであると評価し、野口・阿多タイプと呼んだのである。そして、この土器型式の移り変わりに、貝殻条痕と貝殻の縁による刺突文や押引文《おしびきもん》がつけられた、瀬戸内地方の羽島下層Ⅱ式土器が影響を及ぼしたのではないか、と考えたのである。

また、同様の考えは、田島龍太《たじまりゅうた》や渡辺康行《わたなべやすゆき》の意見など、九州の縄文時代研究者間にくすぶ

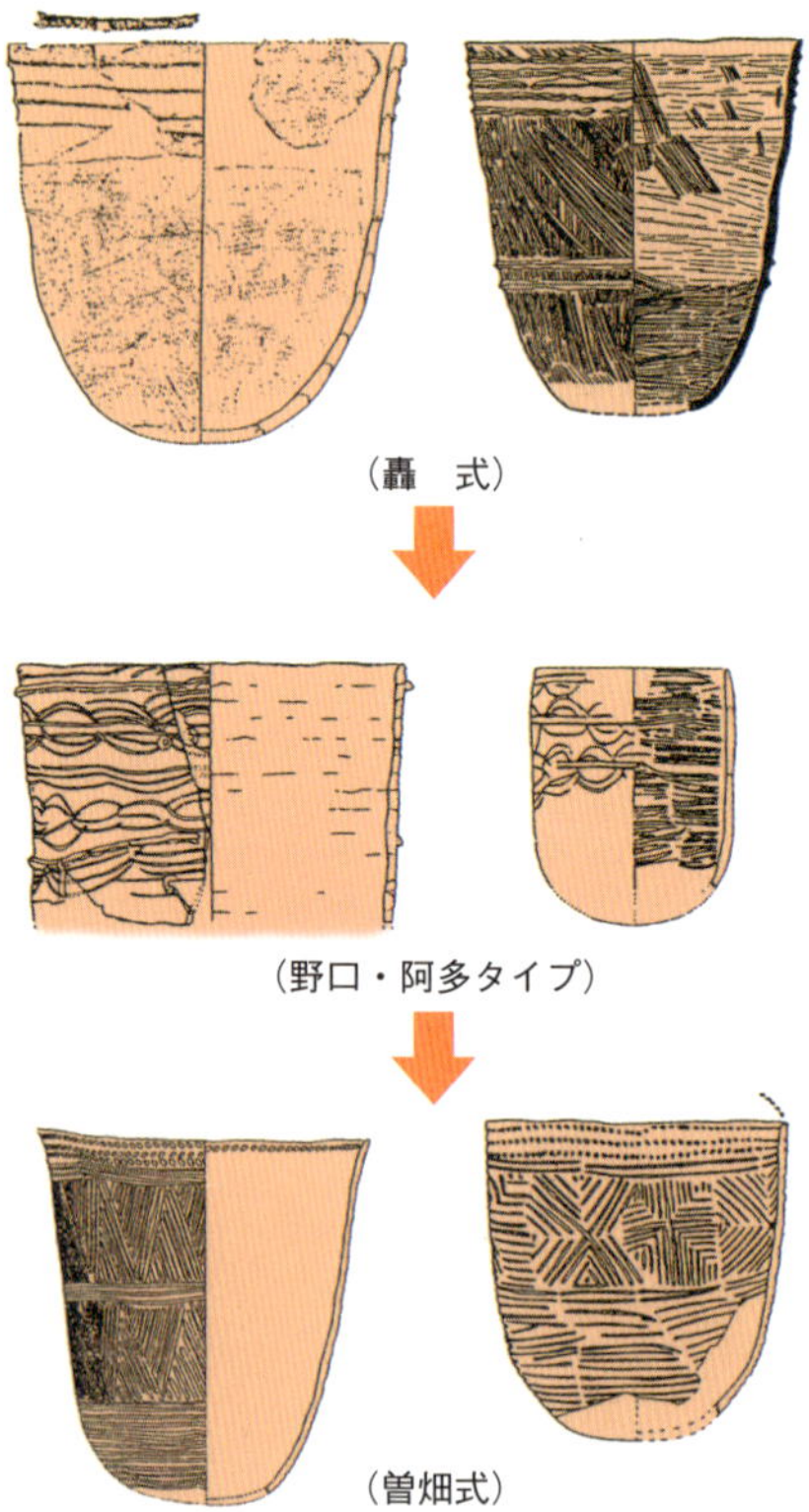

図 22 ● 曽畑式土器の成立
中村愿は、轟Ｂ式から野口・阿多タイプを介して曽畑式へと変遷した可能性を指摘した。

る慎重意見として、曽畑式土器起源論の議論の渦中にそれなりの存在感をもっている。

3　南西諸島での足跡

予測的指摘

一方、曽畑式土器の広がりの面でも、小林は、先に取り上げた論文「九州の縄文土器」のなかで、「尚南方奄美大島の土器にも多少の類縁があるであろうが、殊に琉球土器との関係は相当密接なものがあり、恐らく之等が琉球土器の祖原をなすものであろう」と類縁性も指摘している。

また杉村彰一も、九州中部の沿岸部や南西諸島、沖縄に広がりを拡大させた第二類の土器に変化し、その後、内陸に入り込む第三類の土器に変わって終わりを迎えるとし、曽畑式土器の南西諸島との関連を論じている。

新たな発掘

その後、南西諸島との関連問題では、新資料の発見が進まなかったことと関係して、あまり大きな進展をみせることがなかった。それが、ここ三〇年来、新たな遺跡の発見によって、より身近な議論ができるようになった。

その契機となったのが、一九七五年（昭和五〇）、沖縄本島読谷《よみたん》村の渡具知《とぐち》東原《あがりばる》遺跡での曽畑式土器の発見であった。その結果、曽畑式土器の南下が疑いようのないものとなった。

まさに、曽畑式土器にかかわった縄文人たちの活動範囲の広さや移動技術の巧みさなど、彼らがいかに活動的あったのかを評価することが可能となったのである。

最近では、北谷町《ちゃたん》の伊礼原《いれいばる》C遺跡と名護《なご》市の大堂原《ふうどうばる》貝塚からも、曽畑式土器が発見され、沖縄本島で三例目というように、九州と南西諸島の交流を裏づける資料が増加してきている。

大海原を前にしての曽畑式土器の南下がどのような背景でおこったのかは、とても興味がそそられるテーマである。今後、この方面との関係が重要な議論となってくるだろうが、研究史

図23 ● 曽畑式土器の広がり
曽畑式土器は、韓国東三洞貝塚や沖縄諸島でも見つかっている。

上での評価はいましばらく時間をおく必要があるだろう。

4　九州地方内の分布

ここで現在までの発掘調査から、九州地方内で曽畑式土器が出土する遺跡の分布状況をみておこう。

九州地方内で、曽畑式土器の遺跡の広がりに偏りがみられることは、曽畑式土器を研究した考古学者のだれもが指摘していることである。

とくに多くの遺跡が発見されているのは、中九州の西部である。玉名《たまな》平野から熊本平野を越えて、八代平野までの平地部とその周辺の山麓部、それから三角《みすみ》半島から有明海を越えた西側沿岸部（長崎県島原半島周辺）の範囲で、遺跡数が八〇カ所に及ぶ地域である。ここは有明海や不知火海の沿岸部を中心に、そこから内陸にさかのぼった範囲にあって、日本でも有数の規模を誇る貝塚群のある地域でもある。

つぎに多い地域は、玄界灘《げんかいなだ》沿岸部（佐賀県唐津湾・伊万里《いまり》湾周辺）、平戸《ひらど》島周辺沿岸部（長崎県平戸島周辺）、有明海北側沿岸部（佐賀県南部周辺）である。ここは九州地方のなかでも、壱岐・対馬を介して朝鮮半島にもっとも近い地域である。朝鮮半島の櫛目文土器との関係が指摘されてきた曽畑式土器であることから、その出現を考えるうえで、とても重要な地域である。

また、不知火海の南側沿岸部（熊本県水俣・鹿児島県出水《いづみ》の周辺）や東中国海沿岸部（鹿児島県薩摩半島)、錦江《きんこう》湾の沿岸部(鹿児島県薩摩半島)および内陸部(鹿児島県始良《あいら》郡・大口《おおぐち》市等)など南九州にも多く集まる傾向がある。ここは地理的に奄美や沖縄などの南西諸島につながる地域である。小林久雄以来盛んに注目されてきた南方への曽畑式土器の広がりを考えるうえで重要な地域である。

このほか、遺跡の分布は、わずかずつではあるが、太平洋沿岸部から内陸部(宮崎県南半部)、瀬戸内海西側の沿岸部(福岡県北九州市から大分県別府《べっぷ》湾岸)にみられる。ただし、その数は、それ以外の地域にくらべて極端に少ない。江坂輝彌が「曽畑式土器文化」は「西九州地方から沖縄本島にまで南下波及したが、東九州から四国、中国には全く拡がりを見せていない」(前掲)と指摘したように、対照的な分布である。

曽畑式土器が発見された遺跡のほとんどは、九州地方の西側に偏っている。これは曽畑式土器を使った人びとの活動舞台が、主に東中国海やそこにつながる内海を望む地域であったことを示しており、とても興味深い分布のあり方である。

5 海洋性漁労民の活動

丸木舟の航海

朝鮮半島の櫛目文土器に起源を発し、遠く沖縄本島にまで到達している曽畑式土器は、当時の縄文人たちがいかに活動的で、広範囲にわたる交流をしていたかを、現代のわたしたちに教えてくれる貴重なメッセンジャーであろう。彼らは、彼方の島影に向けて、盛んに大海原に舟を漕ぎ出していった。

長崎県の伊木力《いきりき》遺跡では、曽畑式土器を含む縄文時代前期の地層から、丸太をくりぬいてつくられた丸木舟《まるきぶね》の船底の一部が見つかった。長さ六・五メートル（推定全長七メートル以上）、最大幅七六センチ、厚さ二・五〜五・五センチで、五〜六人を乗せるのに十分な大きさであるという。両舷側《ふなばた》、舳先《へさき》、艫《とも》（船尾）がなくなっていたが、縄文時代前期の舟の利用を考えるには十分であった。舟を自由に操る縄文人の姿が容易に想像できるのであって、南北九五〇キロにもおよぶ彼らの活動が、この交通手段に裏打ちされていたことは確かな事実といえる。

漁労具

こうした活動を裏付ける縄文時代の道具類が、このほかにも九州地方で見つかっている。その一つが「西北九州型結合釣針」と呼ばれる、長さ七センチを越えるとても大きな釣針

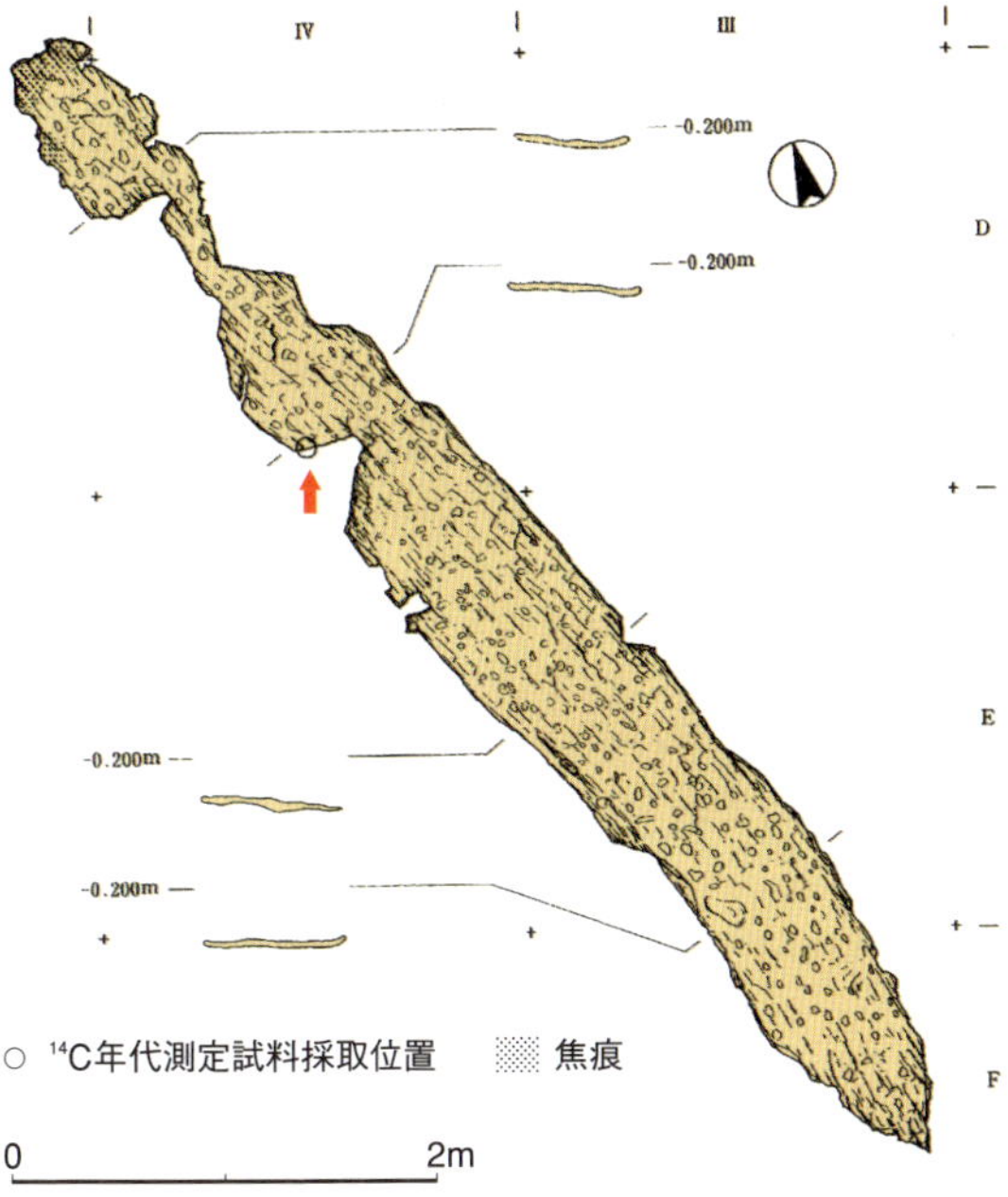

図24 ● 伊木力遺跡出土の丸木舟
縄文時代前期の人びとは、こうした丸木舟に乗って海へと漕ぎ出していったのであろう。

である。

その名前のごとく、長崎県や佐賀県などの西北九州を中心とする地域で発見されていて、軸部と針部を別づくりにした漁具である。佐賀県の菜畑《なばたけ》遺跡で曽畑式土器を含む地層から検出された事例がもっとも古く、これまでに二〇点前後が発見されている。

この西北九州型結合釣針が、朝鮮半島の新石器時代の初め頃に使われていた「鰲山里型《オサンリ》」と呼ぶ、石製の軸部をもつ結合釣針にとてもよく似ており、両者に強い関連性が指摘されていた。一九九二年には、その石製の軸部が熊本県の大矢《おおや》遺跡で発見され、朝鮮半島と九州の漁労民の相互の移動すら示唆されるようになってきている。

もう一つは、鹿角製の軸に装着して銛頭として使った石器である。これには二種類あって、一つが石鋸《いしのこ》と呼ぶ、その名のとおりノコギリのようなギザギザした刃部をもつ石器で、軸部にいくつか組み合せて装着し、銛頭としたものである。この石鋸も、ほとんどが西北九州で発見されていて、似たような石器が朝鮮半島や沿海州など、東アジア一帯で見つかっていることから、その関連性が注目されている。もう一つの石器は、石銛《いしもり》と呼ぶ槍先形《やりさきがた》の石器で、これも西北九州型結合釣針の分布と重なりながら、さらに南九州まで分布域を広げている。

また、西日本を代表する黒耀石《こくようせき》の原産地である佐賀県腰岳《こしだけ》産の黒耀石が、慶尚南道金海郡《キョンサンナムドキムヘグン》の水佳里《スガリ》遺跡や東三洞貝塚から出土している。当時、九州産の黒耀石が朝鮮半島まで運ばれていたことを直接的に示す資料である。

一方、精神面でのつながりをうかがわせる儀礼に使われた道具もある。釜山市の東三洞貝塚

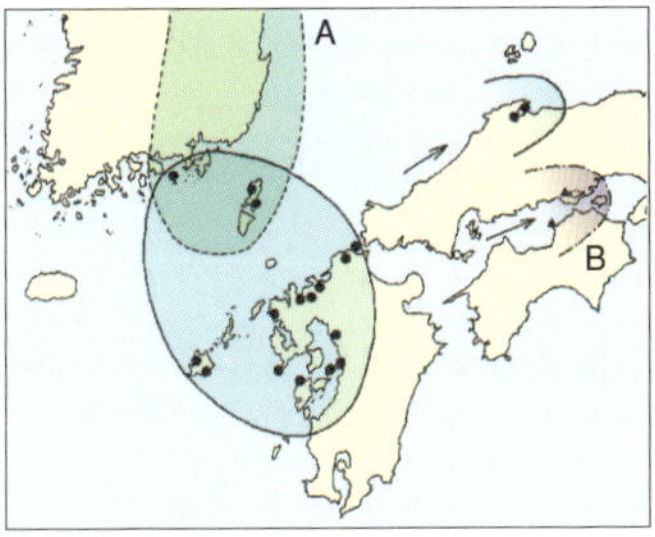

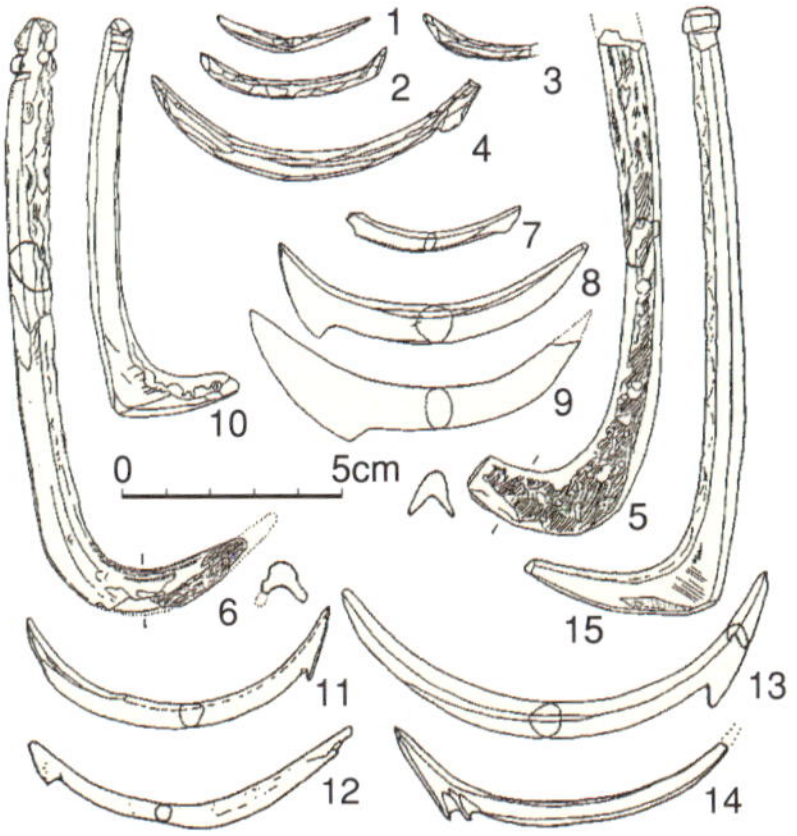

西北九州型結合釣針　1〜4・10：佐賀県唐津市菜畑遺跡　5：長崎県佐世保市下本山岩陰遺跡　6：熊本県三角町浜ノ洲貝塚　7：福岡市桑原飛櫛貝塚　8：長崎県福江島宮下貝塚　9：同対馬志太留貝塚　11：佐賀県唐津市柏崎貝塚　12：長崎県福江島寄神貝塚　13：鳥取県境外港海底遺跡　14・15：島根県松江市西川津遺跡

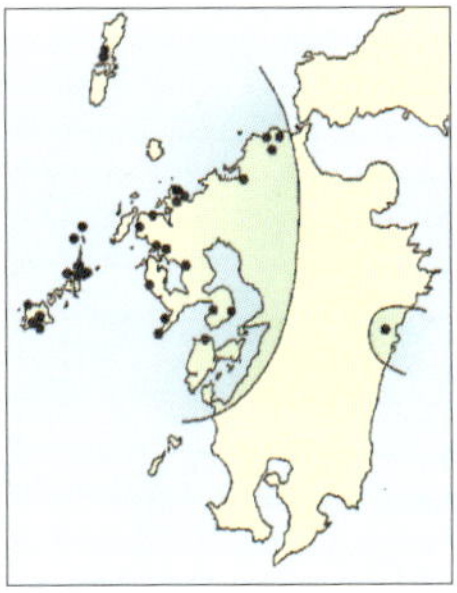

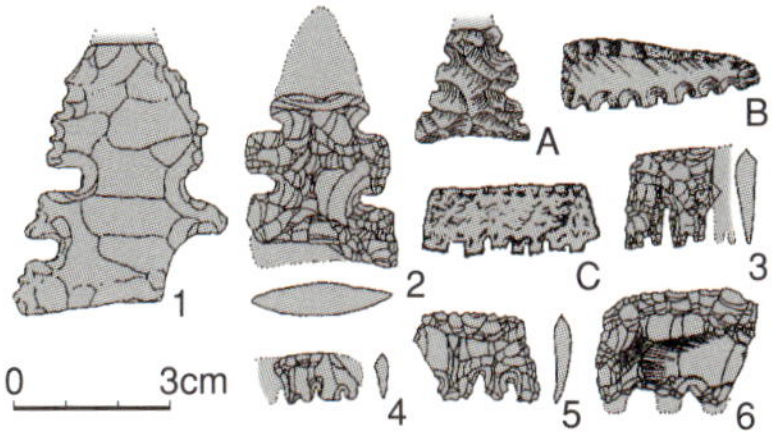

石鋸（左上3点は先端用、他は側面用）　1：長崎市脇岬遺跡　2：佐賀県鎮西町赤松海岸遺跡　3：長崎県田平町つぐめのはな遺跡　4：同富江町女亀遺跡　5：同松浦市姫神社遺跡　6：同市牟田遺跡　A・B：韓国慶尚南道上老大島遺跡　C：釜山市東三洞貝塚（各報告書より）

貝面
黒橋貝塚出土のイタボガキ製の貝面
右：表
左：裏

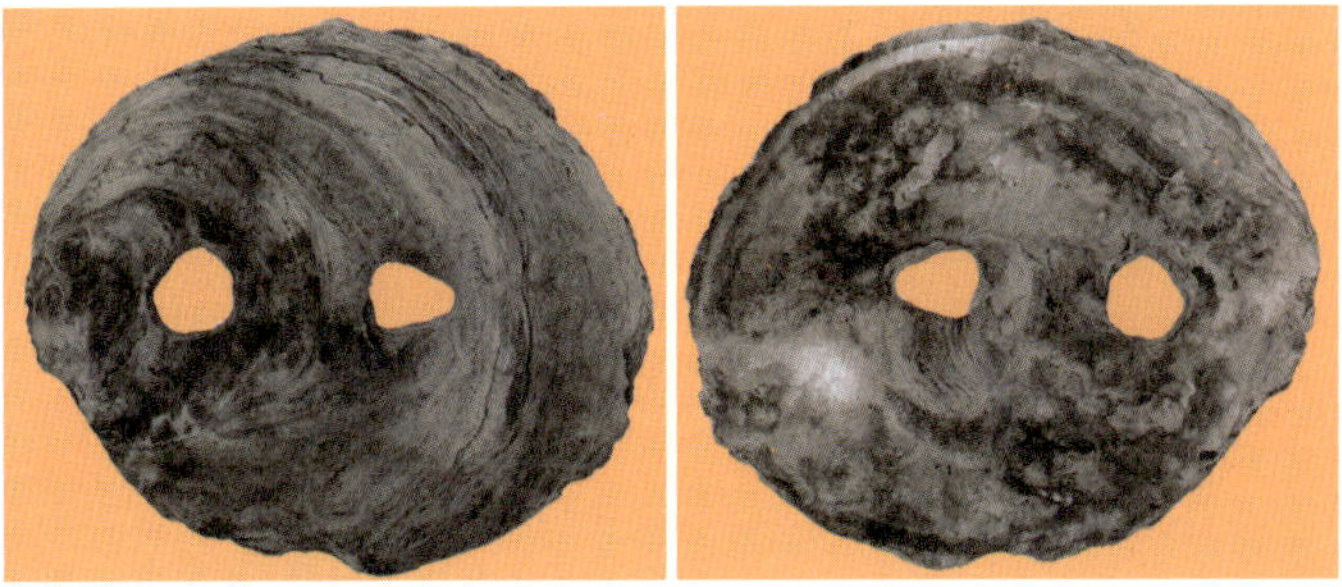

図25 ● 朝鮮半島と九州とをつなぐ道具類

で出土したホタテガイ製の貝面《かいめん》と、熊本県阿高貝塚や黒橋貝塚で出土したイタボガキ製の貝面とが、それである。これは年代が若干下って、縄文時代中期や後期のものであるが、前期にさかのぼって、九州と朝鮮半島の交流を考えるうえで注目される資料である。

環東中国海の交流

このように、縄文時代の九州地方の人びとは、朝鮮半島の人びとと盛んに交流していた。朝鮮半島に住んでいた人びとが九州地方に渡ってきた場合もあっただろうし、逆に九州地方に住んでいた人びとが朝鮮半島に渡っていった場合もあっただろう。

その場合の渡航手段は、丸木舟である。丸木舟という小型の舟で、壱岐や対馬を中継地とし

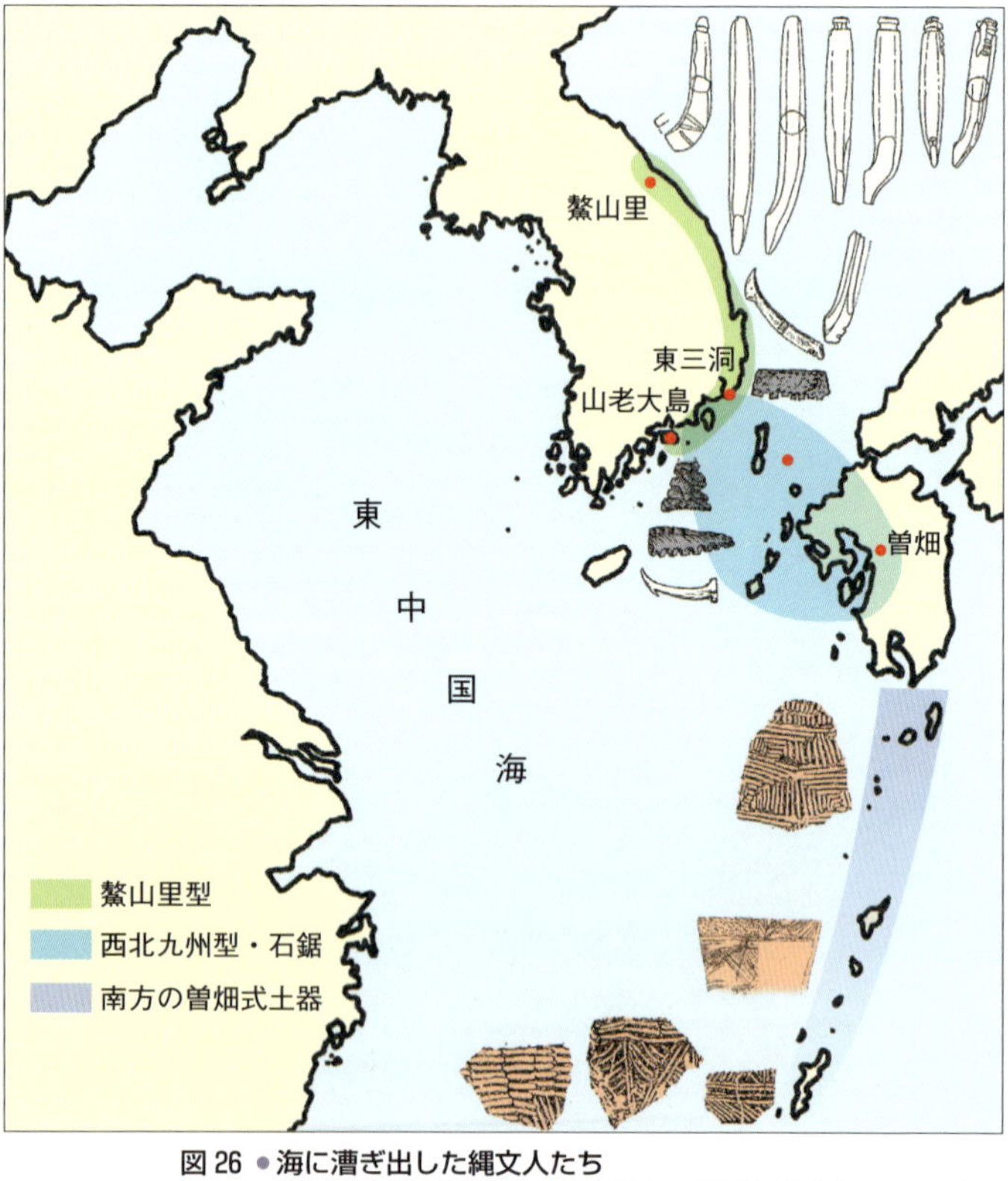

図 26 ● 海に漕ぎ出した縄文人たち
曽畑式土器の時代は、日本列島の石器時代を通じて国際化がもっとも発達した時代だったのであろう。

て、積極的に海原に漕ぎ出したのである。おそらく、縄文人たちは、こうした朝鮮半島の人びととの接触を通じて、曽畑式土器を生み出していったのではないだろうか。その地域は、多くの考古学者が考えるように、朝鮮半島の人びととの接触がとても容易な北九州西部の人びとであったに違いない。

このようにして生まれた曽畑式土器は、瞬く間に中九州へ、さらには南九州へと伝わっていった。それは、有明海や不知火海、錦江湾という穏やかな内海を丸木舟で漕ぎまわる縄文人たちによって伝えられたものであった。

そんな彼らは、内海で盛んに漁労活動をする人びとであったが、時に東中国海という外海へと勇敢に漕ぎ出す人びとでもあった。海とともに生きた海洋性の漁労民でもあったのだ。そんな彼らの活動の一面が、沖縄や奄美の南西諸島への曽畑式土器の広がりにあらわれているに違いないし、反対に曽畑貝塚低湿地で見つかったヒョウタンも、そのことを証明する資料といえるかもしれない。

曽畑式土器に代表される縄文時代前期の九州地方の人びとは、環東中国海の沿岸部で生きた海洋性の漁労民であったのである。

第3章　曽畑縄文ムラの復元

1　低湿地発掘と生活環境の復元

曽畑貝塚の新しい研究へ

　このように曽畑貝塚を標式遺跡とする曽畑式土器は、北は朝鮮半島から南は沖縄本島まで広範囲に分布し、海洋の民としての縄文人の活発な活動の様子を垣間見せてくれている。それは、明治期以来、多くの考古学者や人類学者が調査に訪れ、研究の積み重ねのなかでわかってきたことである。

　そしてさらに、これから述べる曽畑貝塚に隣接する低湿地の発掘から、縄文人の骨や彼らが食べ残した獣、魚、鳥の骨や貝殻が見つかったり、細い線を刻んだ文様の土器が見つかったり、縄文人の食べ物の保管場所が見つかったりした。これらのことから曽畑貝塚は、縄文人たちの食生活やムラづくりなど、当時の暮らしの様子をうかがわせてくれる貴重ですばらしい遺跡だということがわかってきたのである。

低湿地の発掘

一九七四年（昭和四九）、曽畑貝塚に隣接した低地に一般国道三号松橋バイパスの建設が計画されたため、熊本県文化課が貝塚周辺の水田で試掘調査をおこなった。この調査中に、重要な発見があった。それは地表下二・五メートルの地層から縄文時代前期のカゴの一部が掘り出されたことである。当時、全国的にもあまり例を知られていなかった縄文時代前期のカゴの出土に、関係者は色めきたった。そして、県文化課は、一九八六年（昭和六一）から一九八七年にかけて、正式な発掘調査をおこなった。

調査は、水田の下の湿った土の層を一枚一枚移植ゴテで掘り下げながら、地表下三・〇メートルまで掘り進めるという気の遠くなるようなものであった。その結果、六二基の貯蔵穴《ちょぞうけつ》（そのうち五八基は曽畑式土器の時期のもの）が発見されたのをはじめとして、二一点を数える

図27 ● 曽畑貝塚低湿地

カゴなどの編み物や土器、石器の破片など、縄文人の暮らしの様子を研究するための貴重な資料が検出された。

発掘調査のきっかけとなったカゴは、ドングリ類を入れるためのカゴで、この場所が当時の食べ物の保管場所だったことがわかったのである。また、ヒョウタンなどが掘り出されたことも新聞紙上を賑わした。

この曽畑貝塚低湿地の調査は、曽畑貝塚の新しい研究上の可能性を示唆するものであった。それは、低湿地から掘り出されたものが、曽畑ムラに住んでいた縄文人の暮らしぶりを明らかにするうえで格好の材料となったからである。

学際的調査・研究

また、調査地点が低湿地であったことから、台地上の遺跡ではその多くが腐朽してしまう動植物の遺体を豊富に残していた。そこで、さまざまな分野の自然科学者たちが参加して、共同調査と研究がおこなわれた。

植物の分野では、土中に残された微細な花粉をさぐる花粉分析から、水洗選別《すいせんせんべつ》で種子をさぐる植物種子同定、掘り出された木の実や木材の種類や樹種をさぐる植物遺体同定・樹種同定というように、ミクロからマクロの調査・研究に及んだ。

図28 ● 雁回山山腹から曽畑貝塚低湿地を望む

動物の分野では、掘り出された動物の種類をさぐる動物遺体同定や、掘り出された人骨から曽畑縄文前期人の特徴をさぐる人骨分析がおこなわれた。

地形環境の分野では、遺跡の堆積物と珪藻《けいそう》分析から、遺跡の立地環境の変遷を明らかにするための調査・研究がおこなわれた。さらに、それらの地層の堆積年代を明らかにするための放射性炭素年代測定などもおこなわれた。

これらの学際研究は、周辺の地形にはどのような特徴があり、過去から現在までどのような環境の移り変わりがあったのかなど、縄文人の暮らしを復元するための重要な情報を、その土のなかから引き出すためのものであった。

このように、曽畑貝塚低湿地の調査は、一九七〇年代に福井県の鳥浜《とりはま》貝塚

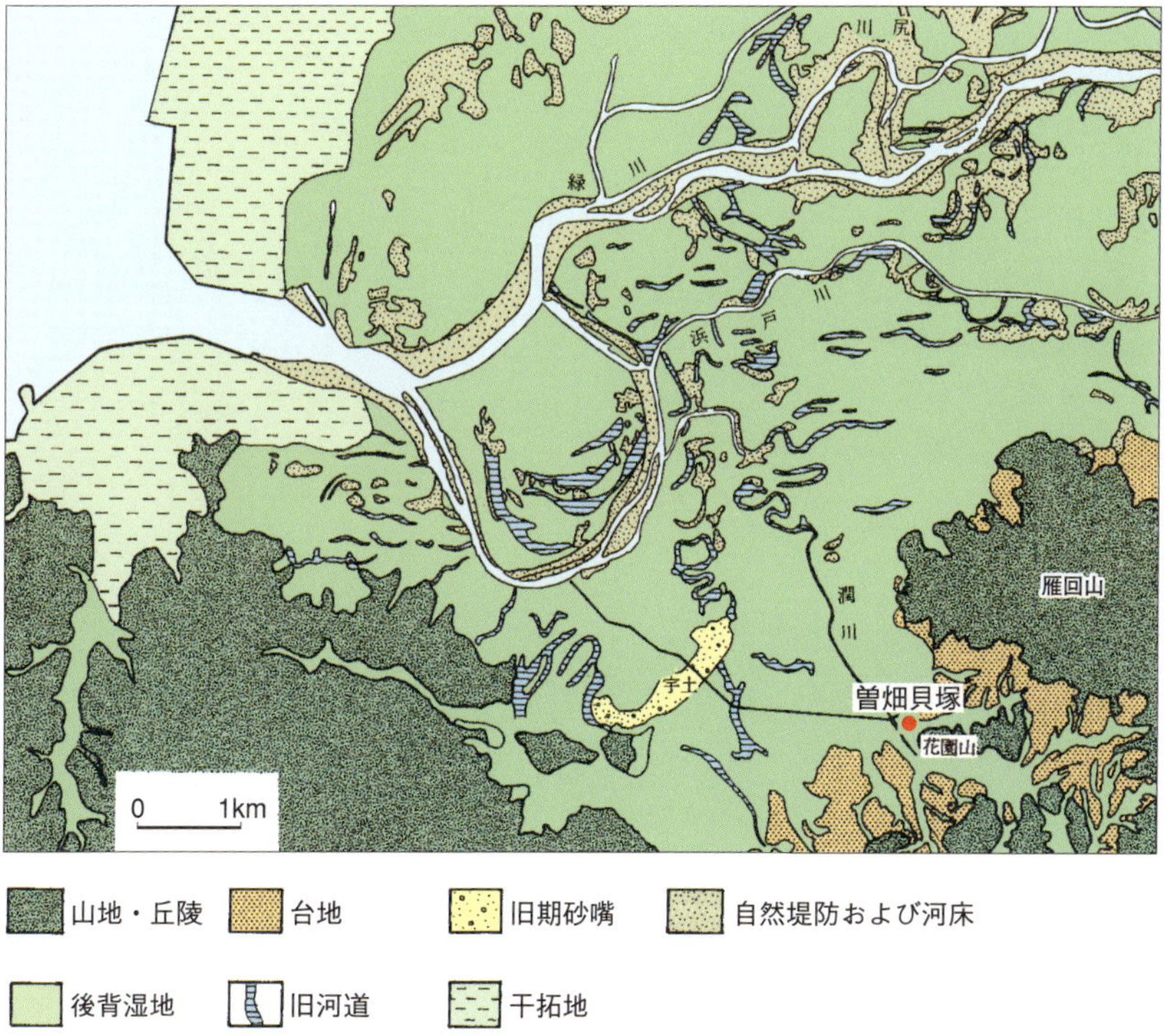

（土地分類基本調査『熊本』、熊本県、1958にもとづく）

図29 ● 曽畑貝塚周辺の地形

で先鞭《せんべん》がつけられた遺跡の学際的な調査・研究を、より確かなものとして普及させるのに重要な役割を果たすことになったのである。

地層の堆積とその特徴

曽畑貝塚低湿地では、第1層の表土層以下、シルト層と砂礫《されき》層が交互に堆積していた（図31参照）。その枚数は二一枚あり、地表面からの深度はおよそ五・二メートルを測る。なお、海成《かいせい》層である第16層から下の層は人工物が包含されていない、いわゆる無遺物層である。また、第9層から上の層は弥生時代以降に堆積したものである。

地表下四・五〜二・五メートルにある第15層〜第12層は、縄文時代前期の轟式土器の頃に堆積した地層である。二メートルもの厚さの地層が、この頃に集中して堆積していることから、土砂が速いスピードでつぎつぎに運ばれてきて、堆積が繰り返されるという、とても不安定な環境にあったようである。このことからも、この土地が縄文人たちにとって、いかに利用しにくい環境にあったかがわかるだろう。

轟式土器の頃の貯蔵穴群がこの周辺で見つからないのは、こうしたことと関係している。また、珪藻分析の結果では、第11層にくらべて海水の影響が強かったことがわかっている。近くまで海水が入り込んでいた可能性が高い。

地表下二・五〜二・〇メートルにある第11層は、前期の曽畑式土器の頃に堆積した地層である。石鏃《せきぞく》や石匙《いしさじ》、磨製石斧などの石器、動物の骨などとともに、貯蔵穴群が出土している。土砂の堆積速度が轟式土器の頃にくらべて遅くなり、比較的安定した土地に変わっている。そのことを教えてくれるのが、貯蔵穴群であろう。また、珪藻分析の結果では、この周辺がわずかに海水の影響がある汽水域《きすい》であることがわかっている。海辺に近い場所であったことは間違いない。

地表下二・〇〜一・七メートルにある第10層からは、阿高式土器、南福寺式土器、出水式土器、三万田《みまんだ》式土器、御領式土器、古閑《こが》式土器など中期から晩期までの土器や、そのほかの石器が見つかっている。これらは、もともとそこにあったものでなく、曽畑貝塚の東貝塚周辺などから流されてきたものである。

縄文時代中期から晩期にかけての土器や石器が入り混じった状態で見つかったことは、その土地がその頃に形成されていったことを示している。

そして、後期から晩期にかけての貯蔵穴群が残されていることから、この時期にいったん安定した土地となったのだろう。曽畑式土器の頃に引き続いて、この土地が貯蔵スペースに利用されていたのである。残念ながら珪藻分析の結果はでていないが、轟式土器の頃から曽畑式土器の頃へと海水の影響が弱まっていったその傾向は、後期から晩期にかけてさらに強まったと考えられる。

図30●自然科学者の調査風景

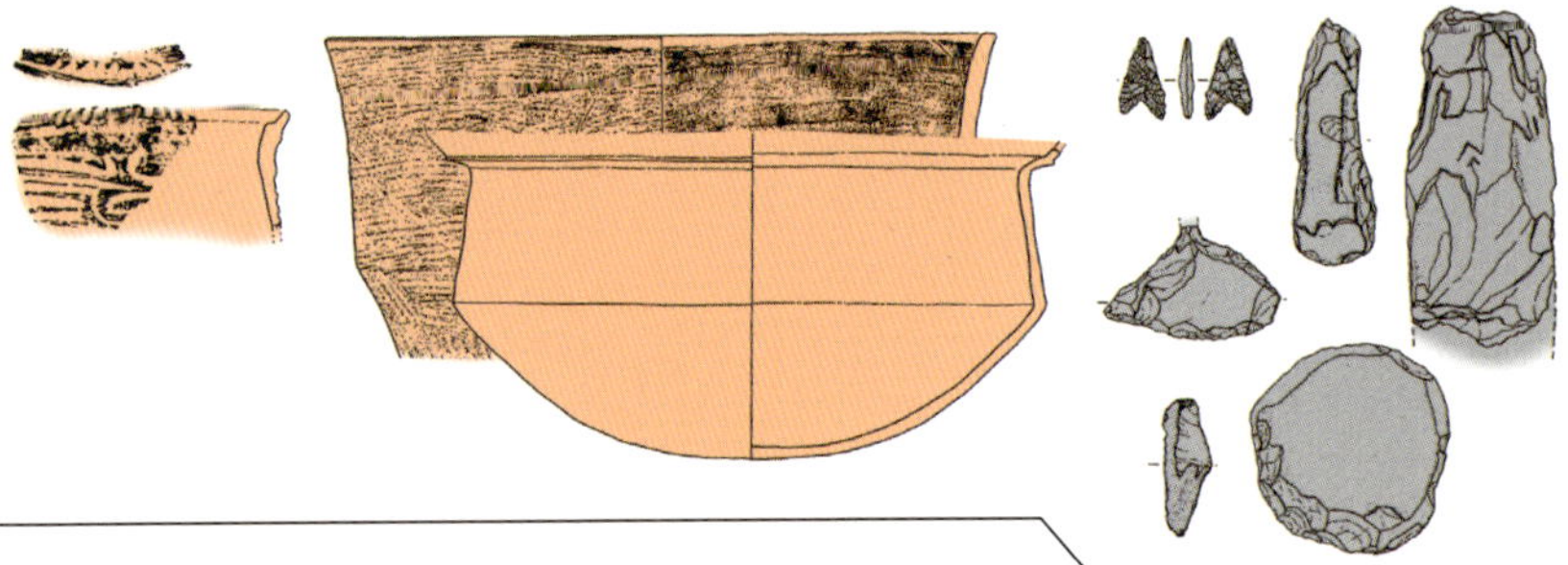

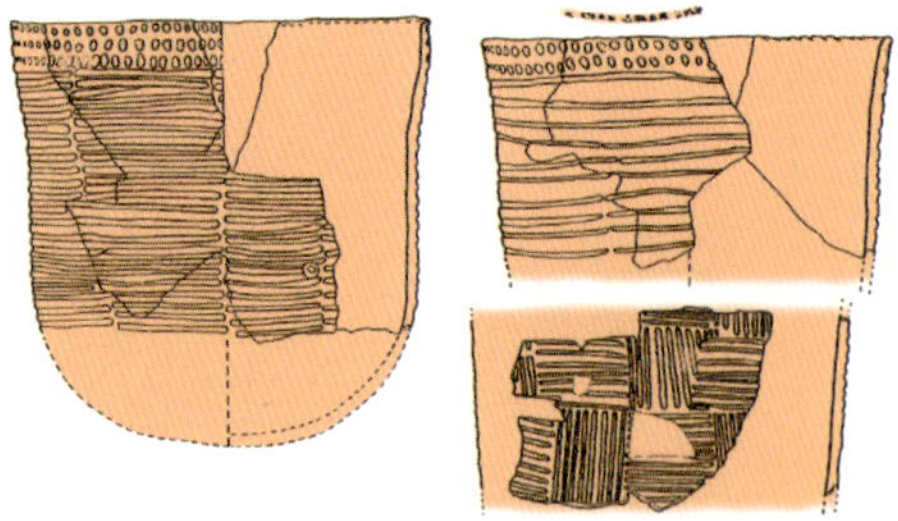

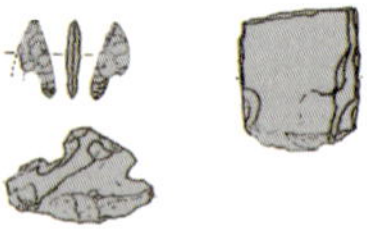

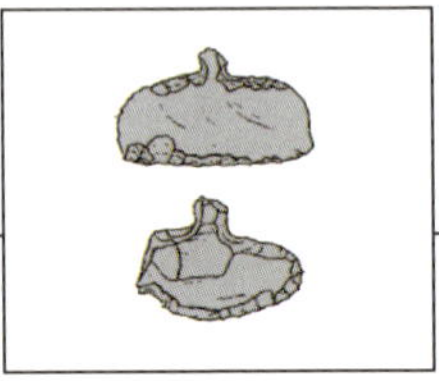

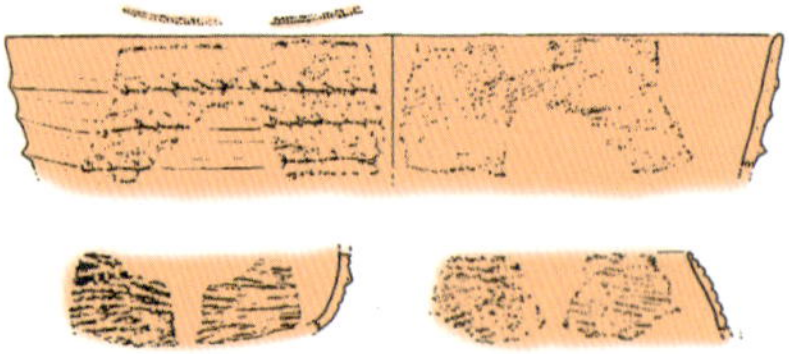

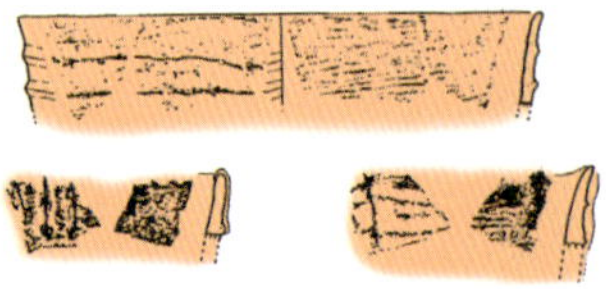

■地層とその特徴

遺跡では、第1層の表土層以下、シルト層と砂礫層が交互に21枚堆積していた。地表面からその21枚目の層の下面までの深度は、およそ5.2メートルである。それらの地層の中から、縄文時代の出土遺物を含んでいた地層を中心にその特徴をまとめてみよう。

【第10層】灰褐色の砂礫層。数センチ以下の砂礫の堆積層で、第8層の砂礫よりも摩滅が進んでいる。縄文時代後期～晩期に形成。

【第11層】暗灰褐色の砂質シルト層。第10層との境は、不安定で、不整合。地表面下2メートル前後の所にある、有機質を多く含んだ柔らかい層である。縄文時代前期の曽畑式土器を含む。放射性炭素年代測定値としては、木の実が5060年前±35年で、木片が4910年前±40年である。

【第12層】灰褐色のシルト混じりの砂礫層。砂礫は、数センチ以下の大きさで、あまり摩滅が進んでいない。乾燥すると締まって、非常に硬くなる。有機質を含み、動物の骨などがよい状態で残っていた。縄文時代前期の轟式土器を含む。

【第13層】暗灰色のシルト質の、地表面下3メートル前後の所にある地層。植物遺体や動物遺体がよく残っていた。轟式土器が出土した。放射性炭素年代測定値としては、木片が6040年前±40年である。

【第14層】aとbの2つに分けることができる。a層は、灰褐色の砂礫層。b層は、暗灰褐色の礫混じりの砂層。砂礫は、数センチ以下で、摩滅していない。aとbとの境付近に、火山ガラス状の混入物。轟式土器がわずか。

【第15層】暗灰褐色の砂質シルト層で、地表面下4メートル前後の所にある地層。有機質を多く含む。轟式土器がわずか。放射性炭素年代測定値としては、木片が5860年前±45年である。

【第16層】暗灰色のシルト層である。海成層と考えられる。倒れたままの状態の自然木が出土した。縄文時代前期または、それ以前に堆積した地層である。

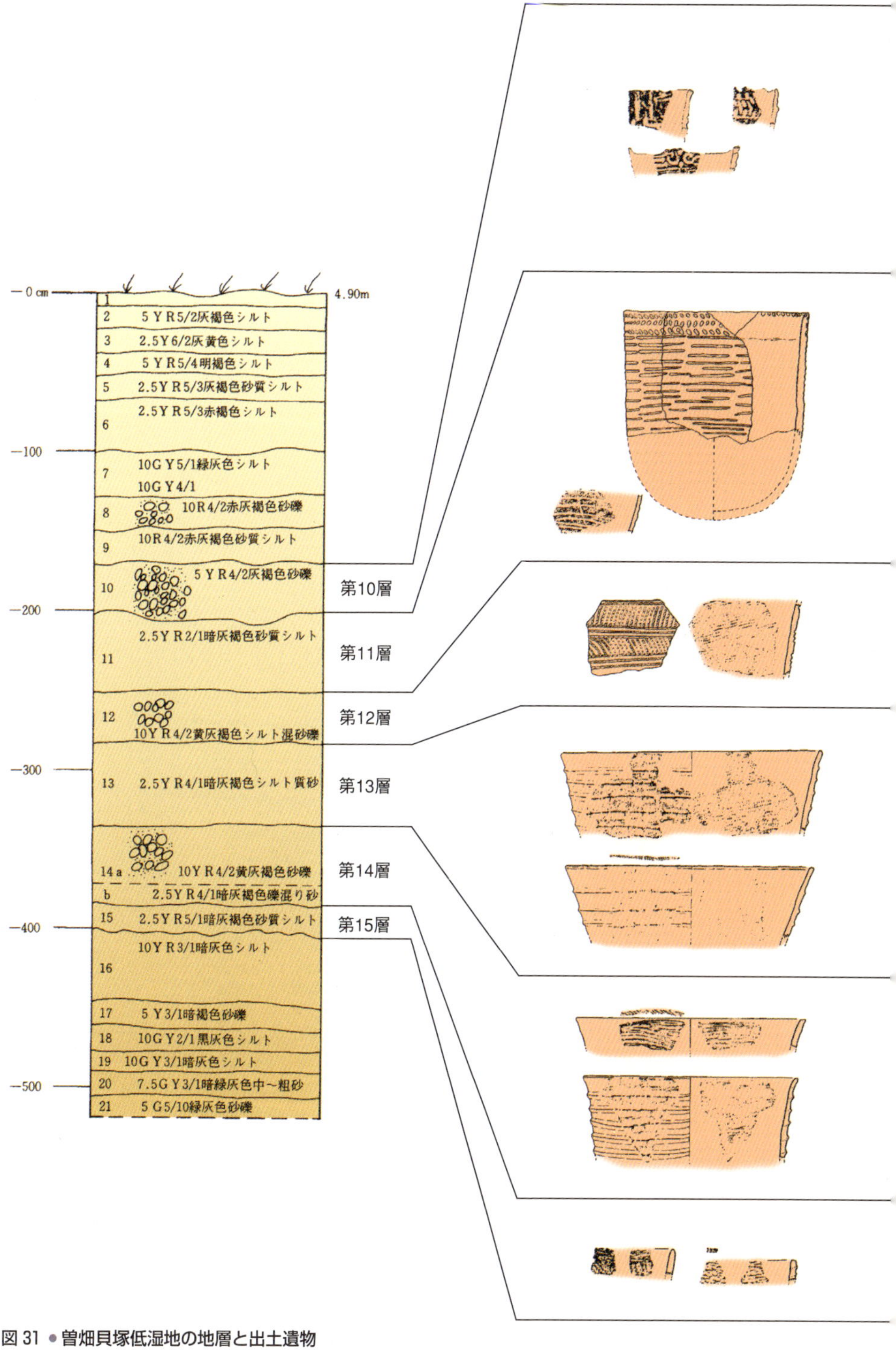

0 cm
4.90m
1
2 5 Y R 5/2灰褐色シルト
3 2.5 Y 6/2灰黄色シルト
4 5 Y R 5/4明褐色シルト
5 2.5 Y R 5/3灰褐色砂質シルト
2.5 Y R 5/3赤褐色シルト
6
100
10G Y 5/1緑灰色シルト
7
10G Y 4/1
8 10R 4/2赤灰褐色砂礫
10R 4/2赤灰褐色砂質シルト
9
5 Y R 4/2灰褐色砂礫
10
200
2.5 Y R 2/1暗灰褐色砂質シルト
11
12
10Y R 4/2黄灰褐色シルト混砂礫
300
13 2.5 Y R 4/1暗灰褐色シルト質砂
14 a 10Y R 4/2黄灰褐色砂礫
b 2.5 Y R 4/1暗灰褐色礫混り砂
15 2.5 Y R 5/1暗灰褐色砂質シルト
400
10Y R 3/1暗灰色シルト
16
17 5 Y 3/1暗褐色砂礫
18 10G Y 2/1黒灰色シルト
19 10G Y 3/1暗灰色シルト
500
20 7.5G Y 3/1暗緑灰色中～粗砂
21 5 G 5/10緑灰色砂礫
第10層
第11層
第12層
第13層
第14層
第15層

図 31 ● 曽畑貝塚低湿地の地層と出土遺物

曽畑ムラの生活環境を調べる

陸上の古環境　植物は、受粉のために花粉を大量に放出する。しかし、この花粉の多くは、受粉されずに地上に落下してしまう。花粉は、子孫を残すために、外膜がたいへん丈夫にできていることから、水分の多い湿地などでは、数万年以上も原形をとどめることになる。こうした花粉を地層から取り出して、どんな種類の花粉がどれくらいの比率で含まれているのか、その比率が層ごとにどのように移り変わっているのかを明らかにすることによって、遺跡周辺の陸上の古環境が復元できる。

曽畑貝塚低湿地の第19層〜第17層下部には、落葉広葉樹のニレ・ケヤキ属とエノキ・ムクノキ属の花粉が多く含まれていた。落葉広葉樹（温帯要素）が優占していたことがわかる。この時代は、縄文時代早期の頃で、現在よりもやや涼しい気候であったと推定される。

第17層上部〜第16層下部は、ニレ・ケヤキ属やエノキ・ムクノキ属の花粉が減って、その代わりに暖温帯のシイノキ属やアカガシ亜属の花粉が増えていた。落葉広葉樹・常緑広葉樹が混交していたことになる。この時代は、縄文時代早期〜前期初頭で、温暖化へと向かう途中の気候であったと推定される。

第16層上部〜第11層は、アカガシ亜属とシイノキ属の花粉が多く含まれていた。照葉樹林の時代であったことがわかる。この時代は、縄文時代前期、曽畑縄文ムラがもっとも活況を呈した時期で、現在よりも温暖な気候であったと推定される。

第7層は、アカガシ亜属が減って、その代わりに二次林を示すマツ属（アカマツ・クロマツ）の花粉が増えていた。二次林が拡大する傾向の時代に入ったことになる。この時代は弥生時代で、自然林が破壊され、そこにマツの二次林が広がっていったことが推定できる。

水辺の古環境　珪藻は、水中に生育する植物プランクトンの一種で、細胞に珪酸《けいさん》を含んでいることから、死後もすべて腐ることがなく化石として地層中に残される。海水のなかで生育する種類（底生海生《ていせいかいせい》珪藻・浮遊性《ふゆうせい》海生珪藻）、汽水のなかで生育する種類（底生海生～汽水生珪藻・底生汽水生珪藻・浮遊性汽水生珪藻・浮遊性海生～汽水生珪藻）、淡水のなかで生育する種類（底生淡水生珪藻・浮遊性淡水生珪藻）があり、地層中に残されている珪藻がどの種類かを同定することで、当時海浜であったのか湖沼であったのか、あるいは川辺だったのかなど、水辺の古環境が復元できる。

曽畑貝塚低湿地の珪藻分析の結果は、つぎのようなものであった。

第19層は、縄文時代早期に堆積した地層で、淡水産珪藻がほとんどを占めていた。このことから、海水の影響を受けていなかったことがわかる。

第17層は、縄文時代早期の終わり頃に堆積した地層で、浮遊性海生珪藻、底生海生～汽水生珪藻、底生汽水生珪藻、底生汽水生～淡水生珪藻が含まれていた。つまり、この頃は、海水の影響のある汽水的な環境であったことがうかがわれる。

第16層～第12層は、轟式土器の時期に堆積した地層で、浮遊性海生珪藻、底生海生～汽水生珪藻、浮遊性汽水生珪藻、底生汽水生珪藻、底生淡水生～汽水生珪藻が含まれていた。つまり、この頃も、海水の影響のある汽水的な環境であったことがわかる。

層ごとにみると、第16層が海水の影響をもっとも受け、第14層では浮遊性海生珪藻の出現が低調であることから海の影響が弱く、第13層と第12層で浮遊性海生珪藻がやや多かったり、海生~汽水生珪藻があらわれたりと、海の影響がわずかに強いという傾向であった。これらは、縄文時代前期の縄文海進を示す興味ある分析結果である。

第11層は、曽畑式土器の時期に堆積した地層で、浮遊性海生珪藻、底生海生~汽水生珪藻、浮遊性汽水生珪藻、底生汽水生珪藻、底生淡水生~汽水生珪藻などが含まれていた。このことから海水の影響を受ける汽水域であったことが推定される。ただし、第12層にくらべて浮遊性海生珪藻、底生海生~汽水生珪藻が少なく、底生汽水生珪藻が多くなっており、第12層ほどの海水の影響はなかったようである。

曽畑ムラの生活環境　以上の花粉分析、珪藻分析の結果を踏まえて、曽畑貝塚に縄文ムラがあった頃の周辺の生活環境の変遷について、つぎのような復元が可能である。

縄文時代早期（第19層）は、現在よりもやや涼しい気候下にあった。その頃、曽畑貝塚周辺は海岸から離れて、ほとんど海水の影響を受けない水辺環境にあった。

ところが、縄文時代前期の轟式土器（第16層~第12層）の頃になると、温暖化が進み、海水が近くまで入り込んできた。縄文海進の結果、現在の内湾状の沖積地に海水が流れ込み、入江が形成された。とくに第16層の頃にその傾向が強く、海岸がすぐ間近まで迫っていたらしい。

そして、こうした海水の影響は、曽畑式土器の頃の第11層までみられるものの、第14層、第13層、第12層、第11層となるにしたがって、その度合を弱めていった。おそらく、轟式土器のはじめ頃に形成された入江は、縄文時代前期を通して存在していたが、中期以降、しだいに陸化していったのではないかと考えられる。

縄文人の自然物の利用を調べる

植物種子同定　植物種子同定は、地層から検出された植物の種子から、その植物の種類を明らかにする研究である。その成果は、遺跡周辺の環境を明らかにしたり、縄文人の食生活などを考察する際の基礎資料となったりする。

曽畑貝塚および低湿地での同定の結果、木本植物《もくほん》では、カジノキ、ヤマグワ、マタタビ、タラノキ、ニワトコ、キイチゴ属、サンショウ属?、クマヤナギ?、クスノキ、ヒサカキ、アカメガシワなど、草本植物《そうほん》では、サンショウソウ、カラムシ属、ムラサキケマン、オヘビイチゴ、ヘビイチゴ属、チドメグサ属、ナス属、ノゲシ属、ツユクサなど、蘚類《せん》では、スギゴケが見つかった。このなかで、人間が食糧などに利用できる植物は、カジノキ、ヤマグワ、マタタビ、タラノキ、ニワトコ、キイチゴ属、アカメガシワ、カラムシ属、ツユクサである。

カジノキは、温かい所に生える低木《ていぼく》の落葉樹である。径二センチの果実は食糧となり、樹皮は繊維にも利用できる。ヤマグワは、山野に生える低木の落葉樹である。果実は、食糧となり、果実酒などの原料ともなる。マタタビは、落葉性のつる植物である。果実は、食糧や薬に利用される。タラノキは、山野でよく見かけた低木の落葉樹で、若芽が食用に利用されることで知られる。ニワトコは、山野に生える大形低木の落葉樹である。四ミリ程度の果実が酒の原料、葉が薬として利用されることもある。キイチゴ属は、山野に生える植物で、果実が食糧に利用されるという。アカメガシワは、温暖で日当たりのよい平地、河原の土手に生える高木《こうぼく》の落葉樹である。若葉は食糧に利用され、葉や果実は虫の駆《く》除剤《じょざい》として利用される。カラムシ属は、繊維が採れる植物として古くから重宝されていた。ツユクサは、道端や湿った草地に生える一年生の雑草である。花汁は染料として利用され、茎葉は乾燥させて利尿剤として利用される。

また、珍しい種子では、第11層から見つかったアマモがある。発見当初は、調査関係者の間で「米粒ではないか」ということで騒然となった。さっそく岡山大学にもち込まれて同定がおこなわれた結果、縄文遺跡としては全国ではじめてのアマモの種子であることがわかった。

このアマモは、水深三〜一〇メートルの浅い沿岸で生育している植物である。甘藻と漢字で書くことからわかるように根や茎が甘く、葉を食糧に利用する地方もあるという。また、奈良時代には、葉が塩づくりに利用されてもいた。このようにアマモはとても利用価値の高い植物であり、曽畑貝塚の縄

<table>
<tr><th>民俗分類</th><th colspan="2">属</th><th>種（出土例のみ）</th><th>森林帯</th></tr>
<tr><td>A.クヌギ類
製粉または加熱処理+水さらし</td><td rowspan="4">コナラ属</td><td rowspan="2">コナラ亜属</td><td>クヌギ
カシワ</td><td rowspan="2">落葉広葉樹林帯
（東北日本）
（韓国）</td></tr>
<tr><td>B.ナラ類
製粉または加熱処理+水さらし</td><td>ミズナラ
コナラ</td></tr>
<tr><td>C.カシ類
水さらしのみ</td><td rowspan="2">アカガシ亜属</td><td>アカガシ
アラカシ</td><td rowspan="4">照葉樹林帯
（西日本）
（韓国南海岸）</td></tr>
<tr><td rowspan="3">D.シイ類など</td><td rowspan="3">イチイガシ
ツブラジイ・スタジイ
マテバシイ</td></tr>
<tr><td colspan="2">シイノキ属</td></tr>
<tr><td colspan="2">マテバシイ属</td></tr>
</table>

図32 ● ドングリ類の種類（渡辺 1988 より）

文人が利用していた可能性も相当に高い植物だろう。

縄文人の食材　木の実などの大型植物遺体の同定は、縄文人の食生活を明らかにするためにおこなわれた。第11層の貯蔵穴内からクヌギ、アベマキ、イチイガシ、アラカシ、シラカシの実が見つかった。いずれも食糧として十分に利用できるものである。ただし、イチイガシ以外は、食べる前にアク抜きが必要となる。

また、同じ地層のなかからは、カヤ、オニグルミ、ツバキ、チャンチンモドキ、サンショウなど、現在でも食糧に利用されている実や、クスノキ、アブラギリ、センダン、エゴノキ、ヒョウタンなど、食糧以外に利用されている実が見つかった。

カヤは、山林に生える高木の針葉樹である。実は、薬として食される。オニグルミは川沿いや湿った土地に生育する高木の落葉樹である。材は木製品に、実は食糧などに利用されている。ツバキは、海岸に生育する高木の常緑樹である。材は木製品に、実からは油が採れる。チャンチンモドキは、高木の常緑樹である。実は、食糧に利用されている。サンショウは、低木の落葉樹である。香辛料などに利用されている。クスノキは、高木の常緑樹である。葉や材から虫除け剤である樟脳《しょうのう》が採れる。アブラギリは、高木の常緑樹である。材は木製品で利用され、樹皮からは皮なめし用のタンニンなどが採れる。センダン

図33●イノシシの下顎骨

は、海辺に生える高木の落葉樹である。薬用に利用される場合もある。エゴノキは、小川の淵に生える落葉樹である。果実の皮には、「毒流し漁」で流されるエゴサポニンが含まれている。枝は、弾力があり、カゴ細工に利用されている。

動物遺体も多数出土した。同定の結果、魚介類のマガキやエイ類、クロダイ、鳥類のガンカモ科、哺乳類のニホンザルやニホンカワウソ?、イノシシ、ニホンジカが含まれていたことがわかった。これらも、縄文人の食生活を示すものである。とくに多く見つかったのは、イノシシであった。下顎骨《かがくこつ》、頭骨《とうこつ》、肩甲骨《けんこうこつ》、上腕骨《じょうわんこつ》、尺骨《しゃくこつ》、大腿骨《だいたいこつ》などで、第10層から七点、第11層から八九点、第12層〜第16層から一六八点が検出された。つぎに多かったのがニホンジカであった。第11層から一〇点、第12層〜第16層から三九点が検出された。

2 ドングリ貯蔵穴群の発見

貯蔵穴群とドングリ類

さきに触れたように、曽畑貝塚低湿地では、地下二・三〜二メートルの第11層（縄文前期）と地下一・七メートルの第9層（縄文後期）から、径一五〇〜九〇センチもある穴が合計六二基も発見された。これらの穴は、なかにカゴが残っていたり、縄文時代の主要食物であるドングリ類が入っていて、ドングリ類を貯蔵するための穴、すなわち貯蔵穴であることがわかった。

そのなかで、ドングリ類がほとんど残されていたものが二基、一部が取り出されていたものが五二基、まったく残っていなかったものが五基と、貯蔵穴ごとに内容物の残り具合に差があった。

それは、縄文人がどのようにドングリ類を貯え、どのように利用していたかという貯蔵穴の利用方法が、臨場感をもって語られそうな、そんな残り具合であった。

貯蔵穴群の広がりは、東端で一五メートル、西端で一〇メートルの幅で、調査区を東西方向に横断していた。その分布からみて、おそらく台地側に貯蔵穴群のはじまりがあり、調査区の西方に分布の先端があるのだろう。貯蔵穴群が密集していること、貯蔵穴同士で切り合いが少ないこと、また貯蔵穴以外の施設がないことから、この分布域は、おそらく曽畑ムラのなかのドングリ類を貯蔵するための場所であったに違いない。

しかも、縄文時代前期、後期、晩期と断続的ではあるが、長い期間にわたって貯蔵地として利用されていたことから、この場所がドングリ類の貯蔵に適していたことをうかがわせて興味深い。

図34●貯蔵穴群の調査風景

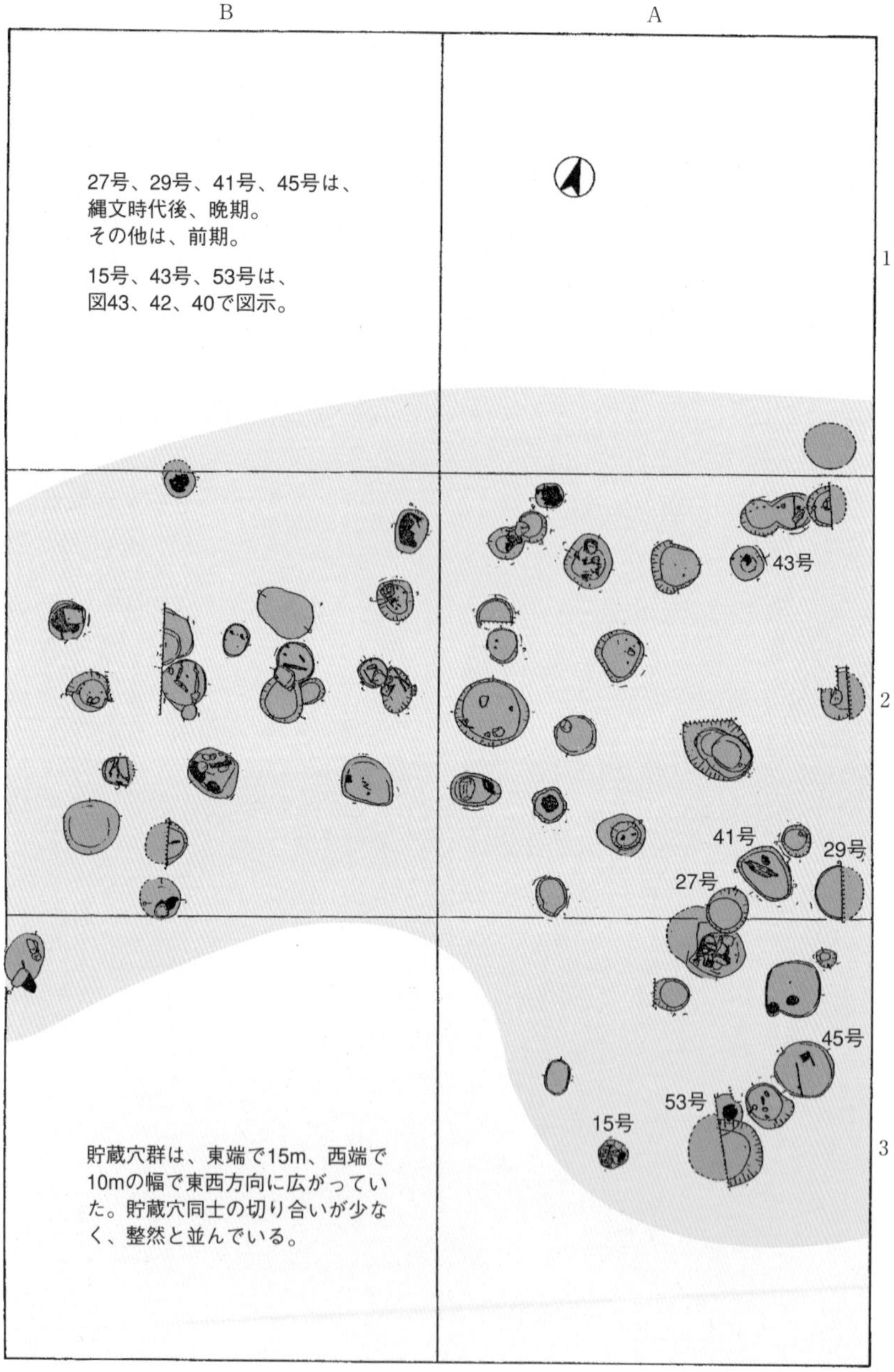
B
A
27号、29号、41号、45号は、
縄文時代後、晩期。
その他は、前期。
15号、43号、53号は、
図43、42、40で図示。
1
2
3
43号
41号
29号
27号
45号
53号
15号
貯蔵穴群は、東端で15m、西端で
10mの幅で東西方向に広がってい
た。貯蔵穴同士の切り合いが少な
く、整然と並んでいる。

図 35 ● 貯蔵穴群の広がり

どのような貯蔵穴群か

そこで、縄文人たちのドングリ貯蔵計画がどのようなものだったのか、貯蔵穴の形態と、貯蔵したドングリ類の種類などからみていくことにしよう。

縄文時代後・晩期の貯蔵穴群　縄文時代後・晩期の貯蔵穴群は、調査区の南東隅で五基発見された。出土基数が少ないことと分布が調査区の南東隅に限られていることから、その分布範囲は、さらに東側の調査区外にのびるものと推定できる。

貯蔵穴には、円形と楕円形の二種類があった。大きさでは、円形のものが直径一五〇センチ、

図36 ● いろいろな遺り方を示す貯蔵穴
上：ドングリが一部取り出されたもの
中：ほとんど手つかずの状態のもの
下：すべて取りつくしたもの
縄文人の暮らしぶりをうかがわせる。

直径一三二センチ〜一二七センチ、直径一二〇センチ、直径一〇〇センチ〜九〇センチとサイズの差があり、楕円形のものが長軸一三〇センチ×短軸九五センチであった。深さは、三八センチ〜一〇センチ程度しか残っていなかった。おそらく、穴の上半部が削りとられるなどして、浅くなってしまったのだろう。

一つの貯蔵穴からはカゴの断片が、穴の底からはドングリ類や木の葉、木の破片が出土した。ドングリ類は、イチイガシがほとんどで、わずかにアラカシやシラカシがあった。

縄文時代前期の貯蔵穴群

縄文時代前期の貯蔵穴群は五七基が発見された。貯蔵穴には、円形

図 37 ● 上：貯蔵穴
中：貯蔵穴から見つかったカゴの断片
下：貯蔵されていたドングリ類

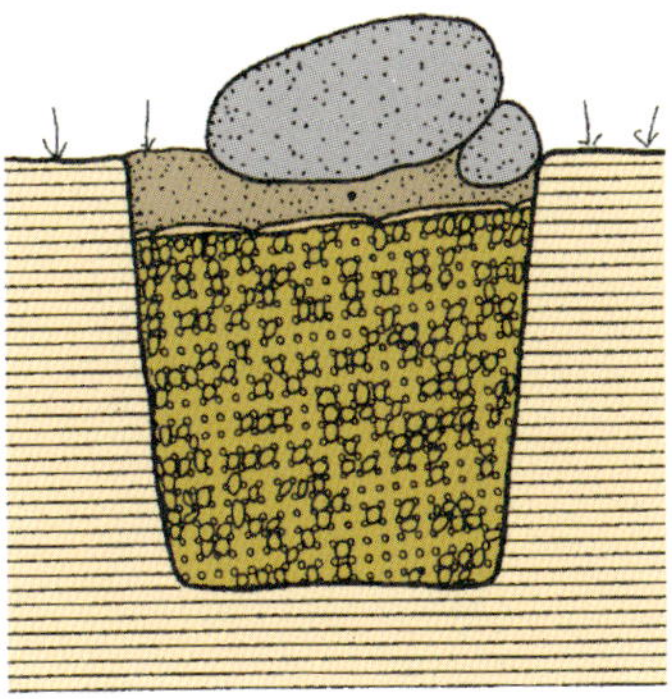

①

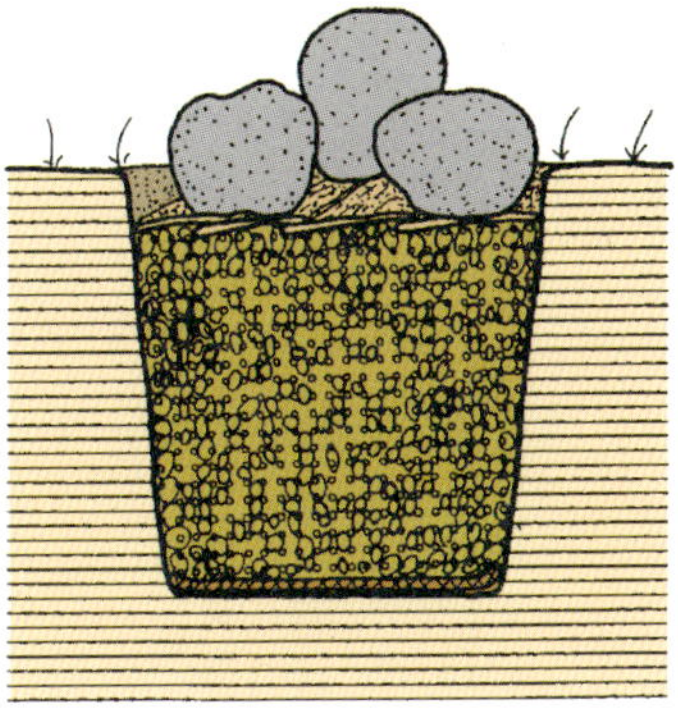

②

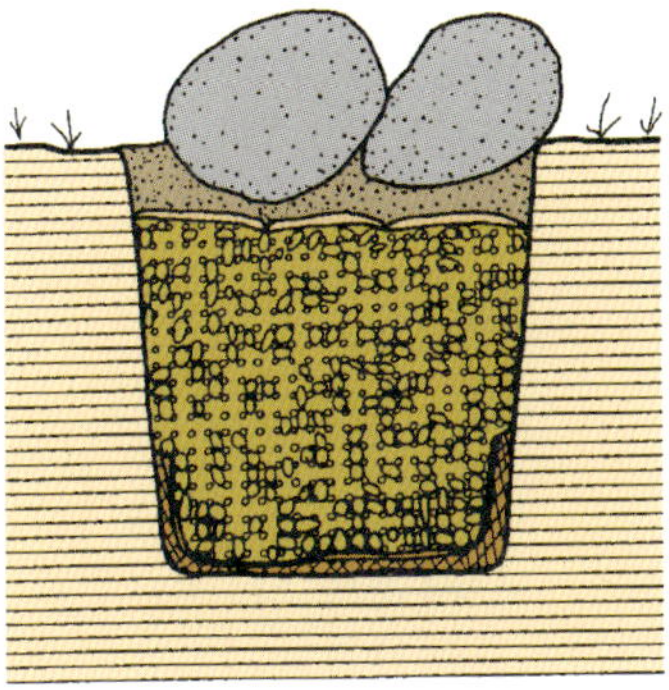

③

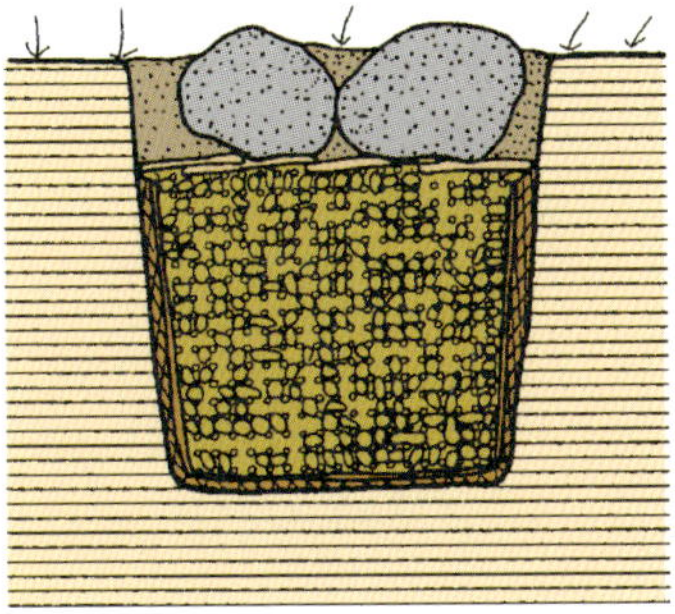

④

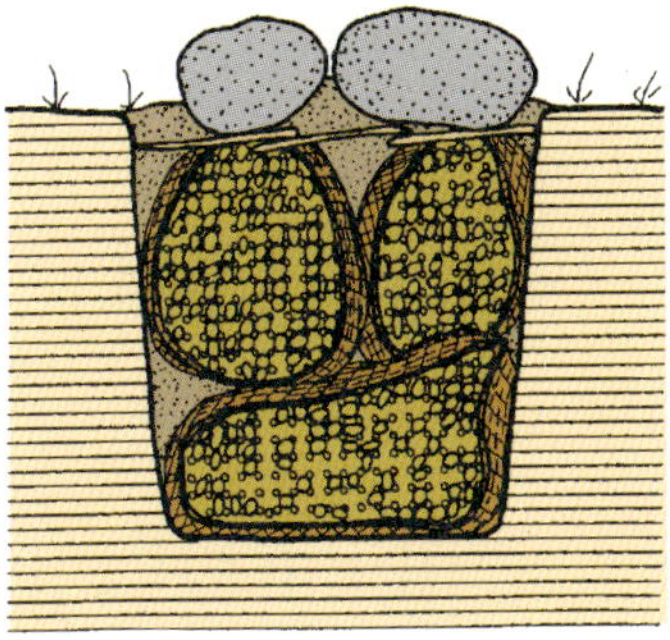

⑤

貯蔵穴推定模式図

①編み物製品を使用することなく、木の皮の蓋と重しだけのもの。

②底部にだけ編み物製品をしいているもの。

③浅いザルのような編み物製品が底部にあるもの。

④深いバスケットのような編み物製品に納めるもの。

⑤網カゴの口を閉じて、数個を一緒に貯蔵するもの。

図38●さまざまなドングリの蓄え方

（形が整ったもの、整っていないもの）と楕円形の二種類があった。大きさでは、径一五〇センチから径四四センチまでであるが、そのなかでも一〇〇センチ前後のものが多かった。深さは、七九センチ〜七センチであった。

カゴは、一九基に残っていた。穴のなかからは、ドングリ類や木の葉、木の破片、重しとして入れられていた人の頭ほどの大きさの自然石が出土した。ドングリ類はほとんどがイチイガシで、わずかにアラカシやシラカシであった。また、一基の貯蔵穴（一一号）からは、クヌギとアベマキもあった。

食糧としてのドングリ

当時の貯蔵穴のなかから出土したイチイガシ、アラカシ、シラカシ、クヌギ、アベマキは、どれも縄文人たちの食欲を満たした重要な食糧源であった。しかも、その多くがイチイガシであることから、彼らは、イチイガシを積極的に利用していたことがわかる。おそらくそれは、イチイガシがアク抜きなしで食べられる、とても扱いやすい食材であったことと関係があるのだろう。

ただし、アラカシやシラカシがイチイガシに混じって貯蔵穴のなかに入っていたり、クヌギとアベマキのみが入った貯蔵穴（一一号）があったりと、縄文人たちは、イチイガシだけにこ

図39 ● ドングリ類

だわってはいなかった。彼らは、確実に、イチイガシのほかに、アラカシ、シラカシ、クヌギ、アベマキを採集して集落のなかに持ち込み、食糧として貯蔵していた。

イチイガシとアラカシ、シラカシというように処理方法が明らかに異なっているものを同じ貯蔵穴のなかに入れ込んだり、カシと称されるものを同じ貯蔵穴に入れ込んだり、よく似たクヌギとアベマキのみを一つの貯蔵穴に入れ込んだりしていた。一見、雑然と取り扱っていたかにも見えるが、よく観察してみると、それは貯蔵穴の利用方法に大きな特徴があったのである。

というのは、貯蔵穴内から多くのカゴが出土しており、そのなかには三六号貯蔵穴のように、カゴがドングリをおおうような状態で検出され、ドングリは、このカゴのなかに入れて貯蔵していたことが明らかとなった。つまり貯蔵穴のなかには、種類の違うドングリを別々のカゴに入れて、一緒に貯蔵するものもあったということである。曽畑ムラの縄文人は、カゴを使うことによって、整然と利用していたのである。このように、曽畑貝塚低湿地からは、縄文人のドングリ貯蔵計画の一端がうかがえて、とても面白い。

3　縄文人のカゴづくり

カゴの材

このように、ドングリ貯蔵穴のなかにはカゴの破片が残されていた。それはドングリ類を貯える際に納めていたカゴであった。縄文人たちは、どのような植物を選んでカゴづくりをおこなっていたのであろうか。

六二基の貯蔵穴のうち、二〇基からカゴが見つかっている。カゴの数は二一点である。カゴの材料としては、同定が可能なもので、イヌビワ三例、ケヤキ一例、カシ類二例、アケビと推定されるもの一例、樹木不明の樹皮一例であった。

今日のカゴづくりでは、竹や蔓《つる》、籐《とう》など、曲げることが容易な植物を利用することが多い。縄文時代においても同じで、曽畑貝塚低湿地からもアケビの蔓を使ったカゴ片が見つかっている。ただし、その使用率は八例中一例と意外と低い。多くは、イヌビワのようなかん木やケヤキやカシ類（アカガシ亜属）という高木、広葉樹である。

イヌビワは、比較的小型の樹木であるため採集も容易で、また緻密な材のわりに軽くて柔らかく、とても扱いやすい植物である。八例中の三例という高い利用率はうなずけるところである。これに対して、ケヤキやカシ類（アカガシ亜属）は大型の樹木で、材質が硬いなど、カゴづくりには適さず、今日では、カゴづくりにはあまり利用されない材である。八例中の三例という高い利用率は、入手しやすさ、裂きやすさなどが好まれた原因であろう。

カゴの材は森などに自然に生えているが、そのままでは使えない。それは生のままではカビが生えやすく、材として使用できなくなるからである。そのために、採集してきた材は二〜三年風通しのよい場所で陰干し、乾燥させる必要がある。このようにカゴづくりは、編みはじめるまでに相当時間がかかる作業である。縄文人たちは、いつでもカゴをつくることができるように、毎年材を集め、年ごとに束にしてストックしていたものと想像される。

カゴの編み方

さて縄文人たちは、どのような編み方をして、カゴづくりに励んでいたのであろうか。今日でも手芸教室で人気が高い講座の一つとなっているカゴづくりである。縄文人たちの手芸の妙をみてみよう。

カゴやザルをつくる時には、一般に底から胴へ、そして縁へと編み上げるが、それには材を交互に潜らせながら編む網代《あじろ》編みと、材を絡ませながら編む綟《もじ》り編みの二つがある。材の太さや本数、隙間を詰めたり、開けたりすることによって、大小何十種類というパターンができあがる。なお、

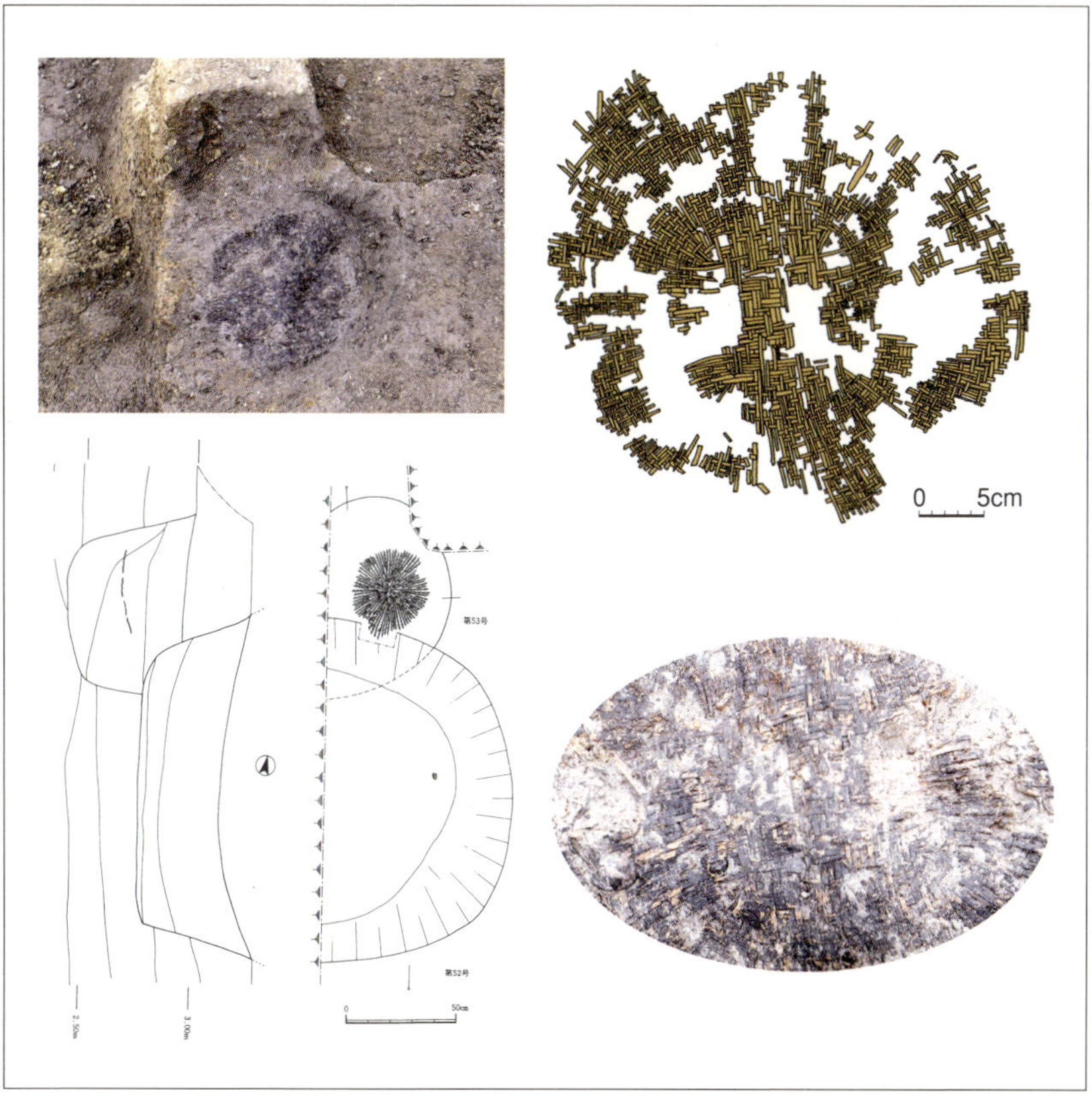

図40 ● 53号貯蔵穴と出土した17号編み物
底の編み方（四本越え・四本潜り・二本送り）と胴の編み方（一本越え・一本潜り・一本送り）、さらには縁近くの編み方（二本越え・二本潜り・一本送り）が違っている。

カゴは目の粗いもの、ザルは目の細かいものをいうが、その区別は曖昧なので、本書ではカゴと総称している。

縄文時代では、佐賀県の坂《さか》の下《した》遺跡などで綟り編みのカゴが発見されているが、その数はきわめて少なく、大半は網代編みで作られている。曽畑貝塚低湿地からも二一点のカゴの破片が検出されているが、これらもすべて網代編みであった。

編み方では、①一本越え・一本潜り・一本送り、②二本越え・二本潜り・一本送り、③二本越え・二本潜り・二本送り、④四本越え・四本潜り・二本送りの四種類がある。その数と比率は、①が一二例で四八パーセント、②が一一例で四四パーセント、③と④がそれぞれ一例で四パーセントであった。「一本越え・一本潜り・一本送り」と「二本越え・二本潜り・一本送り」が基本であることがわかる。ただし、二例のカゴでみられるように、複数種類の編み方が部位を変えて同じカゴに残されているものもある。調査者も指摘しているとおり、この四種類の編み方も部位による使い分けと考えることが自然であろう。

縄文カゴの造型

そこで、遺存状態がよい資料を対象に、部位ごとにその編み方をみてい

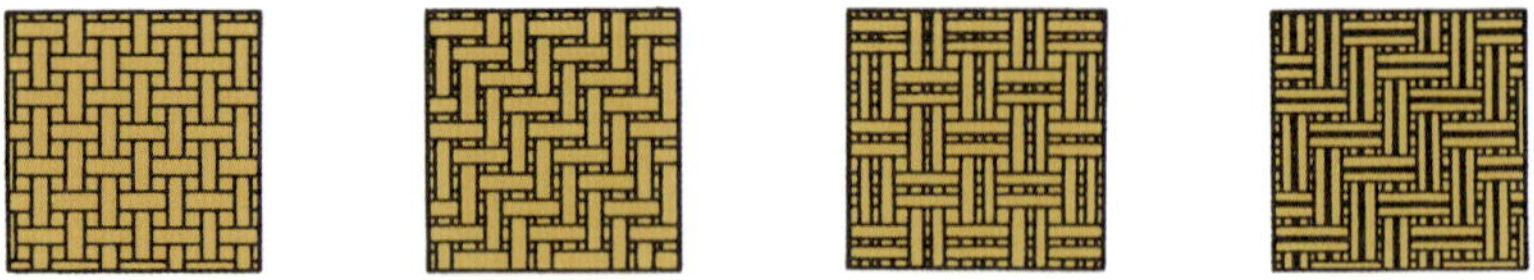

①1本越え・1本潜り・1本送り 12例（48%）

②2本越え・2本潜り・1本送り 11例（44%）

③2本越え・2本潜り・2本送り 1例（4%）

④4本越え・4本潜り・2本送り 1例（4%）

※①〜④が混在するものもある。

図41 ● 曽畑貝塚低湿地のカゴの編み方

くことにしよう。

縁の編み方がわかるのは三例（七号編み物、一四号編み物、一七号編み物）ある。どの資料も縁止めのための補強としてあまった部分を折り曲げて束にして、さらにツルで巻き留めをおこなっている。この縁のつくりは、現在のカゴづくりと同じである。このことは縄文時代の工芸技術の水準の高さを垣間見せてくれている。

つぎに、胴と底では、同じ編み方で通したものと、違う編み方に変えたものがある。同じ編み方のものは、一四号編み物である。底から「二本越え・二本潜り・一本送り」で編みはじめ、

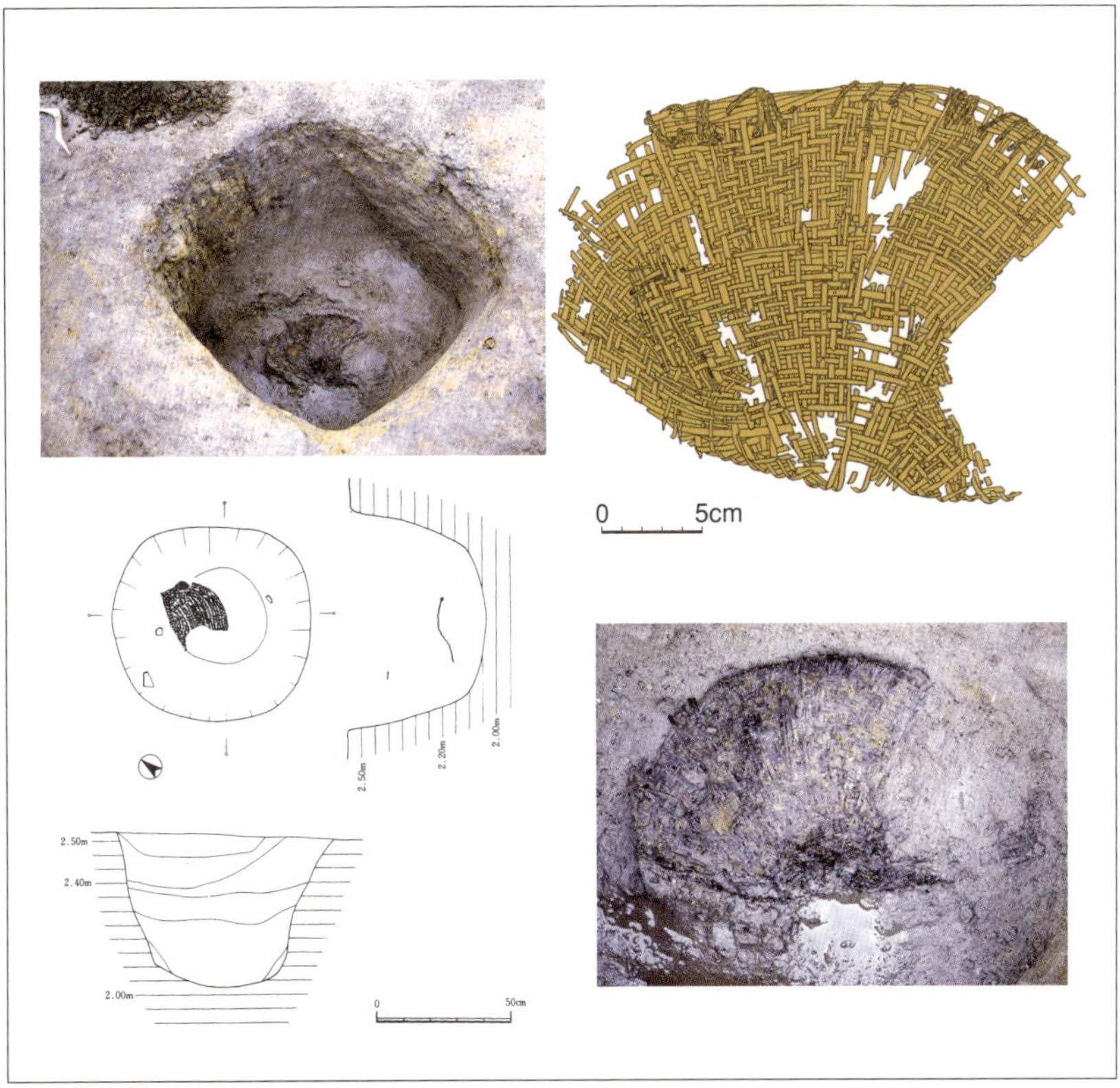

図42 ● 43号貯蔵穴と出土した14号編み物
底から縁までが二本越え・二本潜り・一本送りという同じの編み方でつくられている。あまった部分を束ね、それをツルで巻いて補強する、という仕方で縁留めがなされている。

そのまま胴を編んでいる。違う編み方のものは、一七号編み物と五号編み物である。一七号編み物は、底を「四本越え・四本潜り・二本送り」で編みはじめ、胴を「一本越え・一本潜り・一本送り」で、さらに縁近くを「二本越え・二本潜り・一本送り」で編み込んでいる。五号編み物は図示していないが、底を「二本越え・二本潜り・二本送り」で編みはじめ、胴を「二本越え・二本潜り・一本送り」で編み込んでいる。

　曽畑貝塚の縄文人たちは、網代編みを基本としながら、いろいろな編み方のなかから用途に応じて適当なものを選び出して、それを上手に使っていた。その技は、縄文時代のほかの遺跡ではうかがい知ることができない、縄文人のものづくりの巧みさと、その造形美をわたしたちに語ってくれているのである。

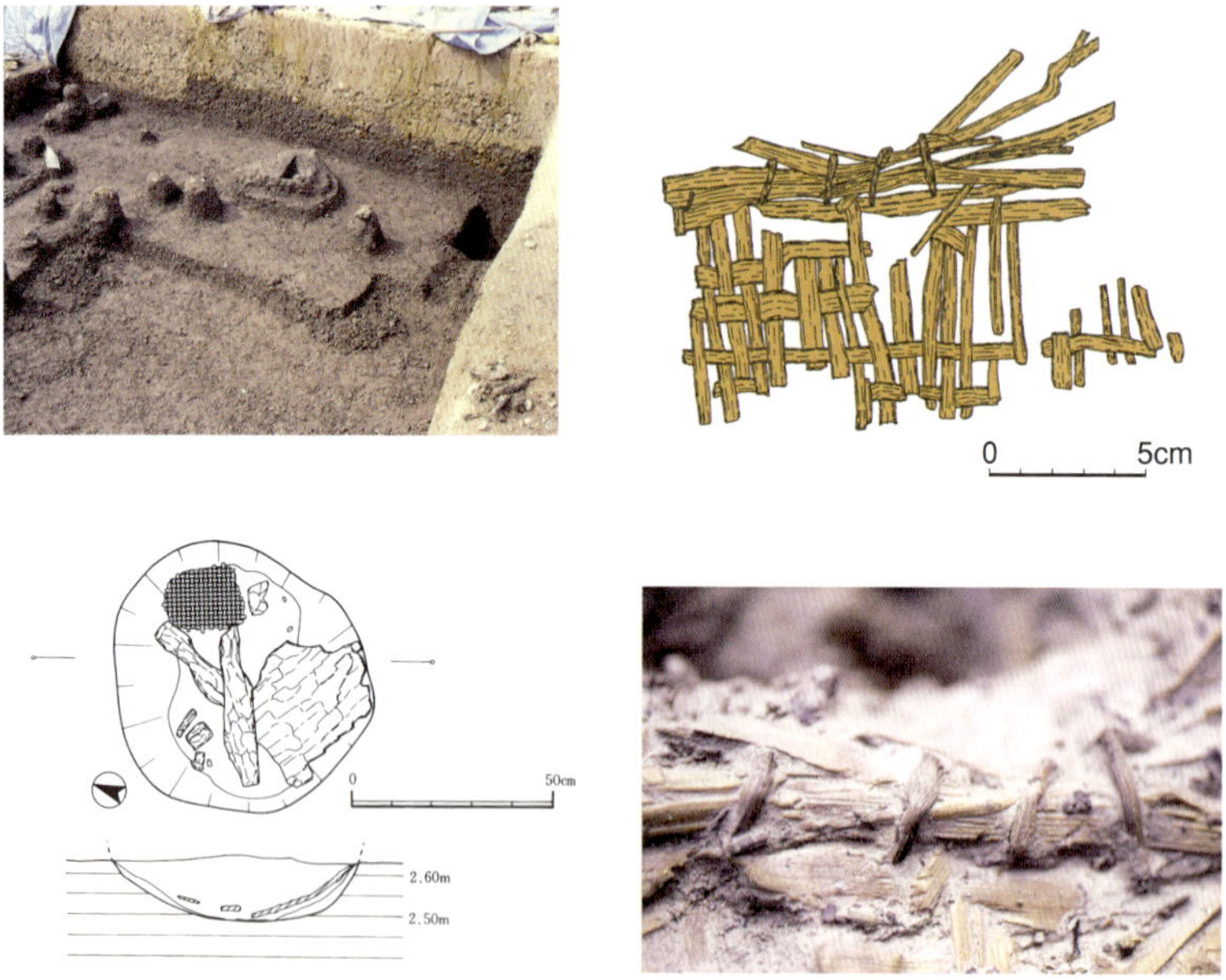

図43 ● 15号貯蔵穴と出土した7号編み物
底から胴が一本越え・一本潜り・一本送りという編み方でつくられている。あまった経条を束ね、それをツルで巻いて補強する、という仕方で縁留めがなされている。

4　曽畑ムラの景観

小高い丘の住まいの場

曽畑ムラの人びとは、住まいの場を小高い丘の上に置いていた。そこには、彼らが寝泊りする住居や道具づくり、食事づくりなどをおこなうさまざまな活動の場があった。おそらく、そこでは豊かな暮らしを保証する有明海やその海辺、豊かな森でとれた海や山の幸をもち込み、彼らの胃袋を満たす、そんな暮らしが繰り広げられた。

では、そうした住まいの場は、丘の上のどこにあったのだろうか。曽畑貝塚を含む周辺の状況からその位置を推定してみよう。

曽畑貝塚の東側（東貝塚）では、市来式土器や鐘崎式土器、北久根山《きたくねやま》式土器など、縄文時代後期のはじめ頃の土器だけが見つかっている。これに対して、西側（西貝塚）では、上の層から市来式土器や鐘崎式土器が、下の層から轟式土器、曽畑式土器などが見つかっている（73ページ、図45参照）。縄文時代前期には、西側一帯で貝塚が残されていたものが、その後、後期になると貝塚の規模がわずかに拡大し、さらに東側に広がっていったことがわかるだろう。

ところで、曽畑貝塚周辺の丘の上には、曽畑貝塚以外の縄文時代の遺跡が見当たらず、また土器や石器の散布が貝塚の範囲を越えないなど、曽畑貝塚以外に当時の人びとの暮らした跡を見つけることができない。住まいの場が送りの場の近くにあることはごく自然のことであろうから、これは貝塚の残された場所に、住まいの場と送りの場とが重なった状態にあったことをうかがわせるもので、住まいの場の特定に重要なヒントをあたえている。

西貝塚周辺や清野謙次調査地点を含む、曽畑貝塚の西側一帯には、曽畑式土器を含む貝層が見られる。ここ一帯が縄文時代前期の住まいの場であった。しかし、そうはいっても貝層の上に竪穴《たてあな》住居をつくって、直接そこに居住したとは考え難く、またそれほど広い範囲を住まいの場としていたとも考え難い。

むしろ、縄文人たちの暮らしのなかで、後追い的に貝層がつくられていった、と考えたほうが理解しやすいのではないだろうか。つまり、住まいの場を移しながら、放棄した住まいの跡に貝殻や獣・魚の骨、壊れた土器や石器などを捨てるということが繰り返された結果、曽畑貝塚の西側一帯に貝層が広がったのだろう。

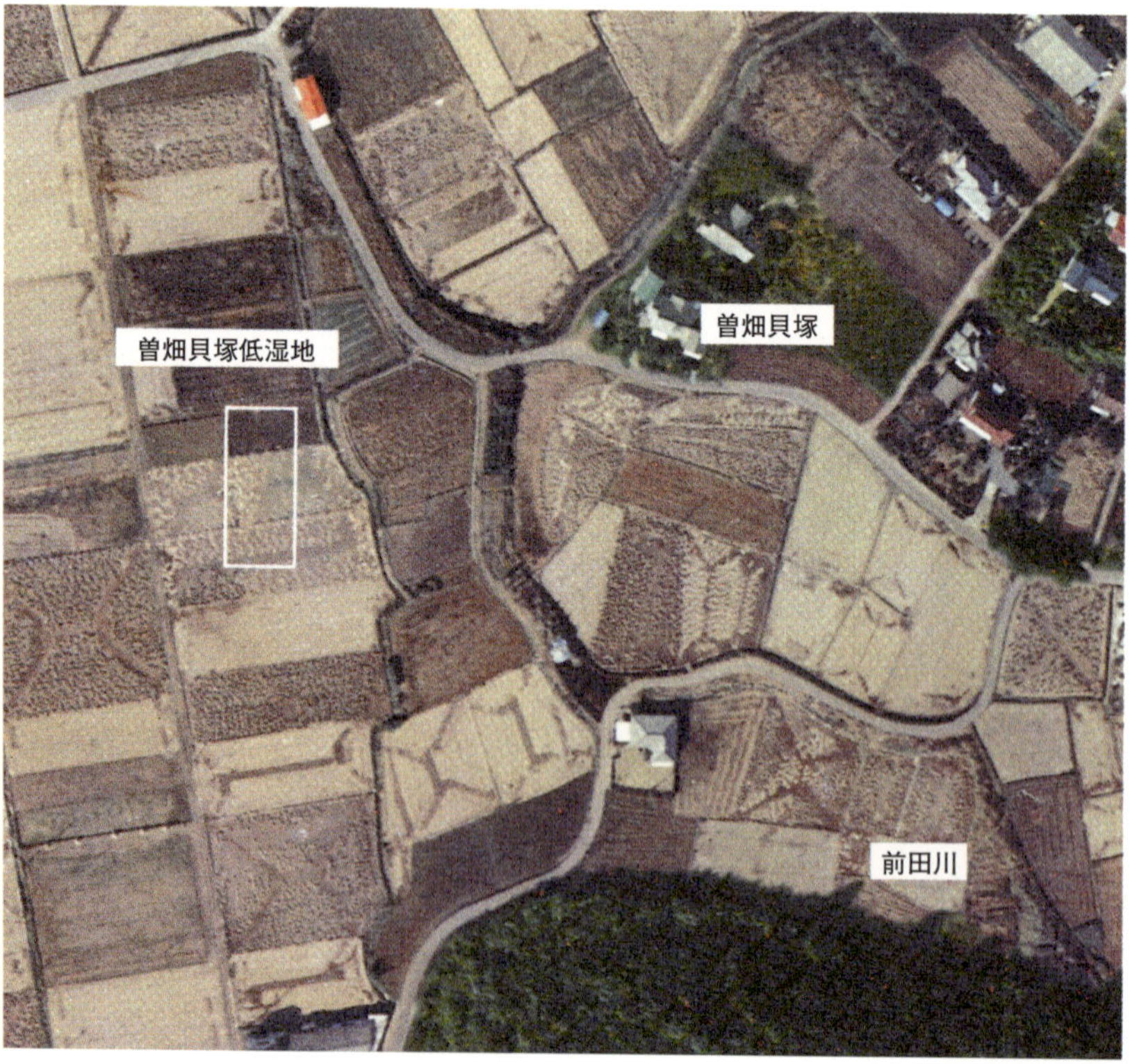

図44 ● 曽畑貝塚の周辺

そして、こうした暮らしは、轟式土器から曽畑式土器までの縄文時代前期の全般にわたって繰り広げられたものと考えられる。その結果、広大な貝塚が残されたに違いない。

送りの場

この住まいの場の移動にともない、後追い的につぎつぎに残されていったのが送りの場であった。そこは日々排出される廃棄物、すなわちゴミを投棄する場所で、住まいの場のすぐ近くにあった。そんな貝塚の広がりは、現状は東西約方向約九〇メートル、南北方向約四〇メートルほどであるが、前述したように本来は東西方向約一三〇メートル、南北方向約一〇〇メートルの約一三〇〇〇平方メートルという広さであった。

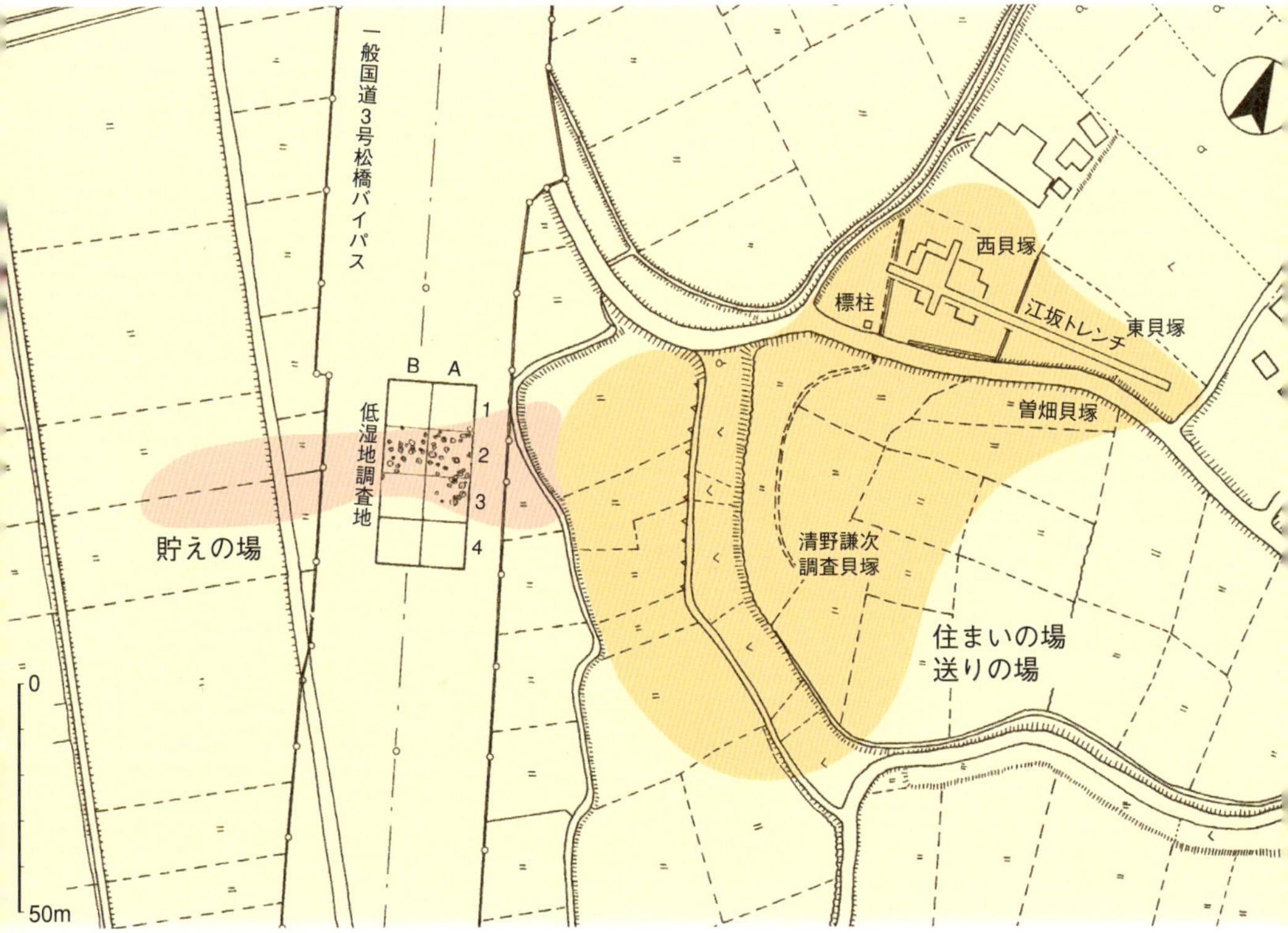

図 45 ● 曽畑縄文ムラのムラ構え

ところで、この送りの場の性格についてであるが、縄文時代中期の黒橋貝塚の調査で面白いものが発見されているので紹介しよう。それは、整然と並べられた状態で検出された五〜一〇頭分のイノシシの下顎骨である。イノシシの下顎骨を使った送りが、そこで執りおこなわれていたかのようであった。縄文時代中期の事例であるが、こうしたことが曽畑貝塚でおこなわれていたであろうことは、想像に難くない。さらに、曽畑貝塚から縄文人の人骨が検出されていることも見逃せない。縄文人たちは送りの場に墓地を置いていたのである。

曽畑ムラの人びとは、住まいの場で日々の暮らしを営みながら、今日の私たちと同じように、貝殻や獣・魚の骨、壊れた土器や石器などの不用物を処分していた。ただし、そこは、さまざまなものを送る祭りがおこなわれたり、人の埋葬がおこなわれたりすることからわかるように、単なるゴミ捨て場ではなかった。今日の私たちのゴミ感覚からは、およそ想像できないものであろう。

図46 ● 送りの痕跡
黒橋貝塚では、一カ所に集められたイノシシの下顎骨が見つかった。送りの様子を彷彿とさせる。

貯えの場

曽畑貝塚低湿地の曽畑式土器は、土器の縁付近に付着したススや、土器そのものがほとんど摩滅することなく掘り出された。これらは、居住地から流れ込んできた土器に違いないが、摩滅していないことは、住まいの場と貯えの場が近接していたことを物語っている。両者は、近代以降の貝層の破壊によって離れてしまったのであって、もともとは、「曽畑遺跡」とでもまとめうるように付随し合っていた。

周辺は、水分を大量に含んだ低湿地で、現在、水田に利用されている。自然科学との共同調査・研究で、縄文時代も、海水の影響の多少の違いはあるにしても、同じように低湿地の環境であったことが明らかにされている。

曽畑ムラの人びとは、ドングリ類をカゴなどに入れて、それを曽畑貝塚低湿地周辺に掘った貯蔵穴のなかに収めていた。そこは、ドングリ類を貯蔵するための貯えの場であった。おそらく、彼らは、水分がドングリ類のアクを抜いたり、虫からドングリ類を防いだりすると知っていたのだろう。だからこそ、そこに貯蔵穴を掘り、貯えの場を設けたのではないだろうか。

ただし、曽畑貝塚低湿地で見つかった貯蔵穴は、一基を除いて、アク抜きなしでも食べられるイチイガシを貯蔵するためのものであった。貯蔵穴群がアク抜きのための水さらしだけにつくられたものではないことは明らかである。調査報告書でもふれられているように、主にドングリ類を虫から防いだり、また乾燥を防いだりするための、一時保管用の施設だったのだろう。

図47 ● 編み物

豊富な食材

曽畑ムラで暮らしていた縄文人は、どのような食生活をおくっていたのであろうか。動物の骨や植物の実や種子など、彼らの空腹を満したであろう食材やその残り滓《かす》を、もう一度整理して、彼らの食材を明らかにしたいと思う。

動物の残滓《ざんさい》には、獣骨、鳥骨、魚骨、貝殻がある。曽畑式土器の時期では、イノシシ、ニホンジカの骨が見つかった。また、轟式土器の時期には、ニホンザル、ニホンカワウソ?、イノシシ、ニホンジカの骨もあった。いずれの時期も、イノシシの骨がもっとも多くて、ニホンジカの骨がつぎに多かった。

鳥骨では、轟式土器の時期の層から渡り鳥のガンカモ科に属する鳥骨が見つかった。

魚骨では、同時期の層から有明海にも生息するエイ類、内湾の海岸部、浅海の磯辺りに生息するクロダイの骨が見つかった。曽畑貝塚からは、スズキも見つかっているが、これもクロダイと同じ浅海の磯付近に生息している。

貝類では、貝塚低湿地の曽畑式土器の層からマガキの貝殻が見つかった。このほか曽畑貝塚からは、ハイガイ、マガキを中心し、アサリ、オキシジミ、ハマグリ、シオフキ、サルボウ、ヤマトシジミ、アカニシ、フトヘナタリ、スガイ、ウミニナ、マテガイ、カガミガイ、ツメタハイなどがの貝殻が見つかった。これらは、汽水域に生息するものも含まれるが、ほとんどが内湾の干潟などに生息する貝である。

植物の実や種子に、とても豊富な種類があった。ドングリ類では、クヌギ、アベマキ、イチイガシ、アラカシ、シラカシの実が見つかった。アク抜きのいらないイチイガシがもっとも多かったが、イチイガシ以外もアク抜きが必要となるが、食べられるものばかりであった。これらは、曽畑ムラの貯蔵穴群内から見つかった縄文人の食材であった。

薬が利尿薬として利用されるニワトコの種子もあった。また、当時、縄文時代の遺跡でははじめて見つかったアマモの実もある。根や茎が甘く、葉も食べられるという。さらに、薬となるカヤ、果実が食べられるオニグルミ、油が採れるツバキ、果実が食べられるチャンチンモドキ、香辛料としても利用されているサンショウなども見つかっている。

5　曽畑ムラの一年

このように曽畑ムラには豊かな食材があったが、一年を通じて常に身近にあるものではない。たとえば、イチイガシなどの木の実は、秋や初冬だけに採集できる季節限定の食材である。また、春だけに採集できる山菜類や新芽などもある。一方、動物には、植物ほどの季節性はないにしても、季節的な生活リズムをもっているものが多い。

曽畑ムラの人たちは、四季の季節のなかで、そのもっとも適したものを手に入れ、食していたと考えられる。そこで、曽畑貝塚や曽畑貝塚低湿地で見つかった食材や、そこで明らかとなった当時の生活環境などから、曽畑ムラでの縄文人の一年の暮らしぶりを復元してみよう。

春は、芽吹きの季節である。縄文人たちは、鮮やかな緑におおわれる雁回山や小高い丘、対面する宇土半島の峰々に分け入り、重要な食糧源である山菜類や新芽を採集した。そして、その山菜類を保存のために陰干しして いた。開花する直前のニワトコの花を採集し陰干しして、薬用としてストックしていた可能性も高い。容器づくりの原料とするために、ヒョウタンの種植えもこの季節におこなっていたかもしれない。

海では、有明海や不知火海の干潟でアサリが採集されていたはずである。また、春になると、クロダイなどの魚の捕獲が有明海や不知火海の磯ではじまり、秋まで続く。

夏は、今日より年平均気温で二〜三度も高いこの当時、酷暑の季節であった。ジリジリと照りつける日差しの下、巨大に発達した積乱雲から降り落ちるスコールのような集中的な豪雨が曽畑ムラやそこで暮らす縄文人たちに襲いかかったこともあっただろう。また、南太平洋上では、強烈な日差しの下、高温の海面から沸き立つ水蒸気が猛烈な上昇気流となり、猛烈な台風が発生した。その規模は、年平均気温の差からしても、現在のものとは比較にならないほどのエネルギーをもっていたと考えられる。こうした台風が、いく度となく曽畑ムラに甚大な被害をあたえながらとおりすぎたであろう。

そんな季節、男たちは有明海や不知火海に出て魚の捕獲に余念がないし、女たちも近くの丘

図 48 ● 巻かれたカゴの材
曽畑貝塚低湿地では、束ねられたツルが見つかった。これらはカゴづくりに備えて、ストックされたものであろうか。

や道端で薬用にするニワトコの茎や葉を摘み取り、陰干ししたり、春から引き続き有明海や不知火海の干潟に出て、アサリやオキシジミ、ヤマトシジミなどを採集したりしていた。

秋は、山の幸を十分に享受できる実りの季節である。彼らのもっとも重要な食糧であるクヌギ、アベマキ、イチイガシ、アラカシ、シラカシなどのドングリ類の収穫がはじまり、大忙しである。女たちは、それぞれにカゴを携えて森や林に分け入り、ドングリ類を拾い集めた。拾い集めたドングリ類は、曽畑ムラにもち帰り、貯えの場に穴を掘ってカゴのまま入れ込んだ。それは、ドングリムシなどの虫害から大切な食糧を守るためであろうか。このほか、オニグルミやチャンチンモドキ、アケビなどの熟した果実もある。

また、夏場から初秋にかけて到来した台風で落ちた木の枝、倒れた木は、冬場の寒さをしのぐための薪《まき》となる。ムラ人たちは、そうした木やその枝を集めに雁回山や小高い丘へ入ったことであろう。さらに、カゴづくりに使う材の確保も大切な仕事である。二〜三年陰干しし、乾燥させる必要があり、毎年計画的に材を集めていたものと想像される。

春に植えたヒョウタンの収穫は、この季節である。収穫後、一カ月間水につけて内容物を取り除き、また臭みをとり、その後一週間天日での乾燥、一カ月間陰干しをした後、容器につくり変えた。

冬、男たちは、晩秋から準備した狩りに大忙しである。

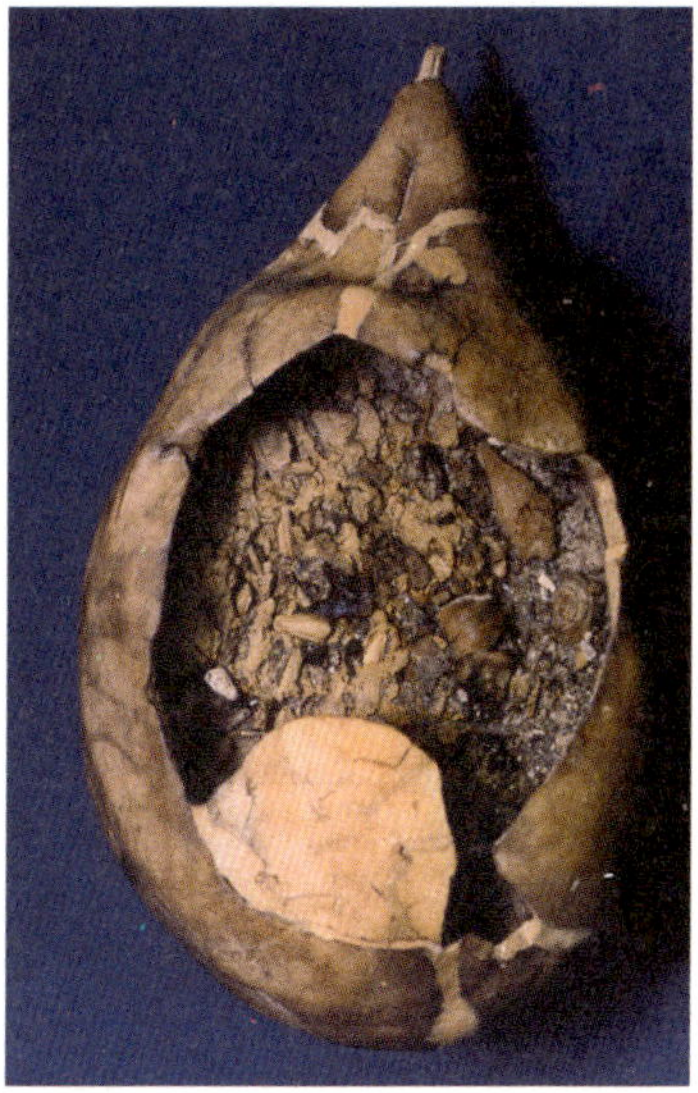

図49 ● ヒョウタン

比較的温暖な当時にあっても、冬は森や林からさまざまな山の幸が消える季節である。山の幸を糧《かて》に暮らす生き物たちにとっては、苦労の多い季節ということになる。これは、縄文人たちにとっても例外でない。獣《けもの》たちは、そんな冬に備えて実りの秋にたくさんの栄養をとり、脂肪を蓄えるのである。まさに獣をおいしく食せる季節でもある。そんな季節、男たちは、まるまる太ったイノシシやシカを狩るのため、森や林に入り込んだ。

また、海には、ハマグリやマガキなどをとり、海草を集める女たちの姿があった。

曽畑ムラの縄文人の一年は、こうして新しい春の到来をまつことになる。彼らの活動は、季節の移り変わりに身を委ねつつも、けっして場当たり的でなく、計画的であったに違いない。それは曽畑貝塚低湿地の発掘調査の成果が雄弁に物語ってくれる。そして、曽畑ムラの縄文人がどのような暮らしをおこなっていたのか、ということを明らかにすることは、現代に生きる私たちにとっても、自らの生き方を振り返るという意味でとても大切なことである。

第4章　未来につながる曽畑貝塚

貯蔵穴とカゴの取り上げ

すでに述べたように、ドングリ貯蔵穴とカゴが見つかったことは曽畑貝塚低湿地発掘の大きな成果であった。当時、調査主任の江本直らスタッフは、つぎつぎと新たな課題が生じてくるという状況下にあって、その保存の必要性を強く感じていた。そして、発掘調査も終盤となった一九八七年（昭和六二）五月、残存状態が良好な第七号貯蔵穴をターゲットに、その取り上げをはじめた。

近隣の建設会社の技術者を交えて検討した結果、貯蔵穴を安全に取り上げるためには、一・五メートル×一・五メートル×一・〇メートルと十分な余裕をもたせて、土層ごと切り取ることがベストな方法であるという結論に達した。その総重量は約三トン。鉄枠をつくり、松板を枠材に、鋼材を底板にして、そのなかに貯蔵穴を収める方法である。また、作業中に生じると予想される隙間には、崩れ防止のために、山砂の挿入と樹脂の注入で対処することとなった。

①貯蔵穴を周囲の土ごと土柱状に掘り込む

② 1.5m × 1.5m × 1.0m の土柱状に整える

③土柱の掘り込みが完了

④鉄枠をはめ込む

⑤鉄枠のはめ込み完了

⑥松板をはめ込む

⑦側板、底板のはめ込みが完了

⑧切り取った貯蔵穴を運び出す

図 50 ● 切り取られ、運ばれる貯蔵穴

貯蔵穴をまるごと取り上げるという、当時としてははじめての試みであった。

さらに調査スタッフは、貯蔵穴の取り上げの経験を生かして、貯蔵穴のなかのカゴの取り上げを独自におこなった。小型のカゴは切り取った後に市販の容器に収め、その隙間には化繊の布や材木を詰め込んで固定した。大型のカゴについては、手製の木箱を用意し、まわりの土層ごと切り取るという方法をとった。その木箱は、土柱の寸法に合せて底板のない状態で製作された。木箱をカゴに設置した後、ウレタン樹脂を注入して固定し、その後に底板を打ち込んで切り取るのである。

貯蔵穴群の保存と活用

切り取られた貯蔵穴とカゴは、熊本県教育委員会の保存施設である文化財収蔵庫（現、熊本県文化課文化財資料室）に運び込まれた。文化財収蔵庫では、担当者が不織布《ふしょくふ》で表面を覆い、五パーセント程度のホウ酸水を散布して、カビや腐敗を防止した。さらに保存処理をおこない、切り取られた貯蔵穴はさまざまな機会に展示物として提供されることとなったのである。

このように曽畑貝塚低湿地の発掘調査のス

図51 ● 切り取られ、運ばれるカゴ

タッフは、貯蔵穴をまるごと取り上げるという保存方法を積極的に実践した。そこには「無事に保存処理されることを祈り、一堂に展示公開される日を待ちたい」という調査主任の江本の記録からもわかるように、活用という目論見《もくろみ》があった。多忙な発掘調査のなかにあって、そうした目論見をもち、かつ実践したことは、「記録保存」にまい進する現在の埋蔵文化財保護行政にとってとても大切なことである。当時の調査スタッフの高い理念に敬意を表したい。

かくして、曽畑貝塚低湿地で発見された貯蔵穴やカゴは、大量の縄文土器、石器類、自然遺物などとともに保存されることとなった。その結果、これらの資料を展示物として県内外の博物館などに貸し出すことが可能となったのである。「百聞は一見にしかず」とあるように、縄文人たちが直接編み込んだカゴを目の当たりにすれば、当時の人びとがいかに生き生きと暮らしていたのか、どれほどの技を身につけていたのか、現在のわたしたちに欠けているものは何なのか等々の思いが各人に湧き上がってくるに違いない。そこには、感動という二文字だけでは表現しきれない、強烈な印象が刻み込まれるはずである。

まさに遺跡が私たちにさまざまなことを教えてくれるメッセンジャーであることを、曽畑貝塚低湿地で見つかった貯蔵穴やカゴは語りかけているのである。

未来につながる曽畑貝塚

二〇〇一年（平成一三）一〇月一九日、江坂輝彌が一九五九年（昭和三四）に発掘調査した曽畑貝塚出土の土器や石器などが、轟貝塚の資料（一九六六年発掘）とともに宇土市に里帰り

図52 ● 保存された縄文時代のカゴ

した。それは宇土市民の熱意と、江坂や慶応義塾大学考古学研究室など発掘調査に関係した人びとや機関の理解と協力のもとに実現したことであった。

一九八七年（昭和六二）の曽畑貝塚低湿地の調査終了後、地元ではその発掘成果にとても大きな関心が湧き上がっていた。そうしたなか、市民の間では、宇土の博物館建設への要望がしだいに強くなっていった。宇土市議会でもそのことが話題として取り上げられ、慶応義塾大学考古学研究室に保管されていた江坂の発掘調査資料に、自然と関心が向くようになったのである。それは一九九一年（平成三）のことで、曽畑貝塚低湿地の調査終了から四年後のことであった。宇土市教育委員会では、地元のこうした盛り上がりを受け、江坂や慶応義塾大学考古学研究室に協力を要請したのである。

一方、一九九二年（平成四）に宇土市史編纂事業がスタートした。この事業が進むなかで、編纂委員会の各委員や執筆予定者は、曽畑貝塚や轟貝塚の資料が必要不可欠なものと認めることになった。そして、地元の積極的な交渉とともに、江坂や慶応義塾大学考古学研究室の理解と協力のもと、関係資料が宇土市に移管される運びとなったのである。

地元の文化財を地元の人びとが誇れること、それは文化財保護を進めるうえで、もっとも大切なことである。おそらく、そうした機運がしだいしだいに醸成されれば、人びとの心の拠り

図 53 ● 地層の剥ぎ取り作業

所、地域のシンボルのひとつとして、地域活性化の素材のひとつとなる文化財は、地域のなかで大切に保護され、つぎの世代に引き継がれることになるはずである。今回の里帰りがいかに宇土市の文化財保護に貢献したのかは、まさにこの点にある。

宇土市教育委員会は、この里帰りを記念して、二〇〇一年（平成一三）一一月二四日から一二月二四日まで、市民に資料を公開した。市民にはなかなか触れることのできなかった貴重な資料の展覧会であった。熊本県教育委員会の島津義昭を講師に招いての記念講演会の開催とあわせて、画期的なイベントだったと、今でも評価が高い。

また、里帰りした土器などの資料の研究成果を盛り込んだ、『新宇土市史』資料編第二巻（考古資料・金石文・建造物・民俗）や通史編もつぎつぎに刊行された。出土した土器のなかでは、優品ばかりの掲載ではあったが、鮮明で美しい写真に添えて、わかりやすい解説がつき、曽畑貝塚の魅力を存分に引き出した内容となっている。

さらに宇土市教育委員会では、轟貝塚とともに、曽畑貝塚の保存を推進しはじめている。とくに曽畑貝塚は、一九五八年（昭和三三）三月

図54 ● 里帰り展（2001年）

一四日に市史跡に指定されているとはいっても、ほとんど活用されることがなかった。

今後、こうした取り組みが繰り返しおこなわれることによって、曽畑貝塚は市民にとってより身近なものとなるだろうし、宇土市における文化財保護は着実に進むことになるだろう。そして、それに連動して近隣市町村、さらには県内全域の文化財保護が進むことが期待される。

かつて、一九世紀と二〇世紀に、たくさんの考古学者や人類学者を誘ってきた曽畑貝塚であった。二一世紀に入り、今後は、学者以外のたくさんの人びとを誘う遺跡に脱皮することが求められるだろう。

曽畑貝塚は、それだけの魅力を十分に備えた遺跡である。

引用・参考文献

江坂輝彌　一九六〇「曽畑貝塚発掘調査報告」『第一五回日本人類学会研究発表抄録』
江坂輝彌　一九六七「縄文土器九州編（六）」『考古学ジャーナル』一三
江坂輝彌　一九七六「朝鮮半島櫛目文土器文化と西九州地方縄文前期文化の曽畑式土器との関連性について」『考古学ジャーナル』一二八
江坂輝彌　一九七八「朝鮮半島と西北九州櫛目文系土器と曽畑式土器」『九州の原始文様』佐賀県立博物館
江坂輝彌・渡辺　誠　一九八八『装身具と骨角製漁具の知識』東京美術
E・S・モース、石川欣一訳　一九七一『日本その日その日』三、平凡社
大迫靖雄　一九八八「曽畑貝塚低湿地遺跡から出土した木質遺物に関する一考察」『曽畑』熊本県教育委員会
乙益重隆　一九六七「縄文文化の発展と地域性九州西北部」『日本考古学Ⅱ　縄文時代』河出書房新社
海津正倫　一九八八「曽畑貝塚付近における地形環境の変遷」『曽畑』熊本県教育委員会
賀川光夫・坂田邦洋　一九六四「曽畑式土器に関する一考察」『九州考古学』二二
清野謙次　一九六九「肥後国宇土郡花園村大字岩古曽字曽畑田貝塚」『日本貝塚の研究』岩波書店
清野謙次　一九二四「肥後国宇土郡花園村大字岩古曽字曽畑田貝塚」『歴史地理』四三―二
清野謙次　一九二五『日本原人の研究』（『日本考古学文献集成Ⅱ期二』）第一書房
九州縄文研究会編　二〇〇一『第一一回九州縄文研究会熊本大会　九州の貝塚』
金峰町教育委員会編　一九七八『阿多貝塚』
熊本県教育委員会編　一九七六『微雨・曽畑』
熊本県教育委員会編　一九八八『曽畑』
久留米市教育委員会編　一九八一『野口遺跡』
甲元眞之　一九八七「Ⅰ先史時代の対外交流」『日本の社会史』第一巻、岩波書店
小林久雄　一九三五「肥後縄文土器編年の概要」『考古学評論』一―二
小林久雄　一九三九「九州の縄文土器」『人類学先史学講座』一一巻、雄山閣

坂田邦洋　一九七三『曽畑式土器に関する研究―江湖貝塚―』別府大学考古学研究室
坂田邦洋　一九七四『曽畑式土器に関する研究―尾田貝塚―』別府大学考古学研究室
佐賀県立博物館編　一九七七『九州の原始文様』
島津義昭　一九九二「日韓の文物交流」『季刊考古学』三八
城南町　一九六四『城南町史』
杉村彰一　一九六二「曽畑式土器文化に関する一考察」『熊本史学』二三
杉村彰一　一九六五「曽畑式土器論考」『九州考古学』二四
杉村彰一　一九七八「曽畑式土器考」『九州の原始文様』佐賀県立博物館
高宮廣衛　一九七八「縄文時代の沖縄諸島」『九州の原始文様』佐賀県立博物館
田島龍太　一九八二「菜畑遺跡縄文前～中期の土器群の編年と様相」『菜畑』唐津市教育委員会
田中良之　一九八二「曽畑式土器の展開」『末盧国』
同志社大学考古学研究室・多良見町教育委員会編　一九九〇『伊木力遺跡』
中村　愿　一九八二「曽畑式土器」『縄文文化の研究3　縄文土器I』雄山閣
中山平次郎　一九一八「肥後国宇土郡花園村岩古曽字曽畑貝塚の土器」『考古学雑誌』八―五
畑中健一　一九八八「曽畑貝塚低湿地遺跡の花粉学的研究」『曽畑』熊本県教育委員会
平野敏也・工藤敬一編　一九九七『図説　熊本の歴史』河出書房新社
広瀬雄一　一九九二「韓国櫛目文土器の編年」『季刊考古学』三八
藤沢　浅　一九八八「曽畑貝塚低湿地遺跡出土の植物種子の同定」『曽畑』熊本県教育委員会
藤田亮策　一九五六「外国文化との関係」『図説日本文化史大系　第一巻』小学館
藤森栄一　一九六七「九州廻記」『かもしかみち』学生社
藤森栄一　一九六七「のちの九州廻記」『かもしかみち以後』学生社
松尾禎作　一九五五「佐賀県西唐津海底遺跡」『日本考古学年報』四
松岡　史・森　醇一郎　一九八一「佐賀県西唐津海底出土の縄文土器」『考古学ジャーナル』一八八号
水ノ江和同　一九八七「西北九州における曽畑式土器の諸様相」『考古学と地域文化』同志社大学考古学研究

室
水ノ江和同　一九八八「曽畑式土器の出現―東アジアにおける先史時代の交流―」『古代学研究』一一七
水ノ江和同　一九九〇「西北九州の曽畑式土器」『伊木力遺跡』同志社大学考古学研究室・多良見町教育委員会
若林勝邦　一八九〇「肥後旅行談」『東京人類学雑誌』五―四九
渡辺　誠　一九八三『縄文時代の知識』東京美術
渡辺　誠　一九八五「西北九州の縄文時代漁撈文化」『列島の文化史』二
渡辺　誠　一九八八「縄文時代食用植物研究上の意義」『曽畑』熊本県教育委員会
渡辺　誠　一九八八「曽畑貝塚低湿地遺跡出土の大型植物遺体」『曽畑』熊本県教育委員会
渡辺　誠　一九八八「曽畑貝塚低湿地遺跡出土の動物遺体」『曽畑』熊本県教育委員会
渡辺康行　一九八三「深堀第Ⅲ群土器について」『長崎市立深堀小学校校舎増築に伴う埋蔵文化財緊急発掘調査報告』長崎市教育委員会

写真提供

熊本県教育委員会　図3・27・28・30・33・34・36・37・39・40・42・43・44・46・47・48・49・50・51・52・53
宇土市教育委員会　図17・54
熊本大学文学部東洋史研究室　図11・12・14

挿図出典等

木﨑作成　図2・8・10・18・20・22・25・26・31・35・40・42・43・45
（図8は、E・S・モース著『日本その日その日』の挿絵と八幡一郎紹介論文掲載の実測図をレイアウトして作成。図10は、熊本県教育委員会編一九八八『曽畑』の挿図をレイアウトして作成。図18は、熊本県教育委員会編一九八八『曽畑』の挿図を基に作成。図20は、藤田一九五六「外国文化との関係」と杉村一九六五

「曽畑式土器論考」をレイアウトして作成。図25は、江坂・渡辺一九八八『飾身具と骨角製漁具の知識』の挿図をレイアウトして作成。図35は、熊本県教育委員会編一九八八『曽畑』の挿図を基に作成。図45は、熊本県教育委員会編一九八八『曽畑』の挿図を基に作成。）

中山一九一八「肥後国宇土郡花園村岩古曽字曽畑貝塚の土器」より図9

小林一九三九「九州の縄文土器」より図19

広瀬一九九二「韓国櫛目文土器の編年」より図21

平野敏也・工藤敬一編一九九七『図説 熊本の歴史』より図23

同志社大学考古学研究室・多良見町教育委員会編一九九〇『伊木力遺跡』より図24

熊本県教育委員会編一九八八『曽畑』より図29

渡辺一九八八「縄文時代食用植物研究上の意義」より図32

熊本県教育委員会編一九八八『曽畑』より図38・41

城南町歴史民俗資料館

・下益城郡城南町塚原１９２４
・電話：０９６４（28）５９６２
・開館時間：午前9時〜午後4時30分
・休館日：月曜日、国民の祝日の翌日、年末年始（12月28日〜1月4日）
・入館料：大人・高校生２１０円
　　中学生以下１１０円
・駐車場：50台、大型バス３台
・交通手段：九州縦貫自動車道御船ＩＣ、松橋ＩＣより車で20分
高速バス利用の場合、城南バス停下車徒歩５分
熊本バス利用の場合、鰐瀬・上郷線、塚原バス停下車徒歩３分

九州縦貫自動車道路の建設をきっかけに発掘され、その後国史跡に指定された塚原古墳群の一角にある。

考古・歴史・民俗の三展示室を設け、三〇〇点の資料を展示している。考古展示室では、塚原古墳群の出土品を中心に、国指定重要文化財「台付舟形土器」をはじめとする地元城南町の故小林久雄氏の収集品など、考古学上著名な考古資料を、歴史展示室、民俗展示室では、城南町内の古文書類・民俗資料などを展示。復元研究室・図書室・研修室をそなえる。

塚原古墳公園

・下益城郡城南町塚原１２３４
・年中無休
・入場料：無料、ただし資料館は有料
・駐車場：普通車50台、大型バス３台
・問い合せ先：城南町歴史民俗資料館、城南町教育委員会社会教育課文化振興係０９６４（28）１８００

一九七二年（昭和四七）、九州縦貫自動車道建設にともなう発掘調査により発掘された塚原古墳群は、県民上げての保存運動の結果、保存されることとなり、一九七六年（昭和五一）に国史跡の指定を受けた。

現地は、広々とした範囲に七七基の復元された古墳や、桜、紫陽花、コスモスなど季節の花が咲くきれいな古墳公園に整備されている。公園には、季節をとわず町内外から多くの人が訪れ、人びとの憩いの場になっている。また、公園内には、熊本県民天文台や遊園地なども置かれている。

なお、近くには国史跡に指定されている御領貝塚や阿高・黒橋貝塚もある。

刊行にあたって

「遺跡には感動がある」。これが本企画のキーワードです。

あらためていうまでもなく、専門の研究者にとっては遺跡の発掘こそ考古学の基礎をなす基本的な手段です。また、はじめて考古学を学ぶ若い学生や一般の人びとにとって「遺跡は教室」です。

日本考古学では、もうかなり長期間にわたって、発掘・発見ブームが続いています。そして、毎年厖大な数の発掘調査報告書が、主として開発のための事前発掘を担当する埋蔵文化財行政機関や地方自治体などによって刊行されています。そこには専門研究者でさえ完全には把握できないほどの情報や記録が満ちあふれています。しかし、その遺跡の発掘によってどんな学問的成果が得られたのか、その遺跡やそこから出た文化財が古い時代の歴史を知るためにいかなる意義をもつのかなどといった点を、莫大な記述・記録の中から読みとることははなはだ困難です。ましてや、考古学に関心をもつ一般の社会人にとっては、刊行部数が少なく、数があっても高価なその報告書を手にすることすら、ほとんど困難といってよい状況です。

いま日本考古学は過多ともいえる資料と情報量の中で、考古学とはどんな学問か、また遺跡の発掘から何を求め、何を明らかにすべきかといった「哲学」と「指針」が必要な時期にいたっていると認識します。

本企画は「遺跡には感動がある」をキーワードとして、発掘の原点から考古学の本質を問い続ける試みとして、日本考古学が存続する限り、永く継続すべき企画と決意しています。いまや、考古学にすべての人びとの感動を引きつけることが、日本考古学の存立基盤を固めるために、欠かせない努力目標の一つです。必ずや研究者のみならず、多くの市民の共感をいただけるものと信じて疑いません。

監　修　戸沢　充則

編集委員　石川日出志　小野　正敏
勅使河原彰　佐々木憲一

著者紹介

木﨑康弘（きざき　やすひろ）

1956年生まれ。明治大学文学部史学地理学科考古学専攻卒業、博士(史学)。熊本県内小学校教諭を経て、熊本県教育委員会文化課で埋蔵文化財の調査に携わる。現在、熊本県立装飾古墳館主幹（学芸課長）。
主な著作　「九州地方の細石核」(熊本史学55・56)、「九州ナイフ形石器文化の研究—その編年と展開—」(旧石器考古学37)、「石槍の出現と気候寒冷化—地域文化としての九州石槍文化の提唱—」(旧石器考古学53)、「九州の後期旧石器時代に見る中期旧石器時代の残影」(科学72-6)『狸谷遺跡』熊本県教育委員会ほか。

シリーズ「遺跡を学ぶ」007
豊饒の海の縄文文化・曽畑貝塚（そばたかいづか）

2004年 7月 5日　第1版第1刷発行

著　者＝木﨑康弘

発行者＝株式会社 新 泉 社
東京都文京区本郷2-5-12
振替・00170-4-160936番　TEL03(3815)1662／FAX03(3815)1422
印刷／太平印刷社　製本／榎本製本

ISBN4-7877-0437-0　C1021

シリーズ「遺跡を学ぶ」　　A5判／96頁／定価1500円＋税

米村　衛 著

001 北辺の海の民・モヨロ貝塚

ISBN4-7877-0431-1

オホーツク沿岸の5世紀、北の大陸からやって来たオホーツク文化人が独自の文化を花開かせていた。その後、9世紀にこつ然と消えたこの北辺の海の民の暮らしと文化を、その中心的遺跡「モヨロ貝塚」から明らかにし、古代のオホーツク海をめぐる文化交流を描く。

木戸雅寿 著

002 天下布武の城・安土城

ISBN4-7877-0432-X

織田信長が建てた特異な城として、いくたの小説や映画・ＴＶドラマで描かれてきた安土城。近年の考古学的発掘調査により、通説には多くの誤りがあることがわかった。安土城の真実の姿を考古学的調査から具体的に明らかにし、安土城築城の歴史的意義をさぐる。

若狭　徹 著

003 古墳時代の地域社会復元・三ツ寺Ｉ遺跡

ISBN4-7877-0433-8

群馬県南西部には、イタリア・ポンペイのように、榛名山噴火の火山灰の下に5世紀の景観と生活の跡がそのまま残されていた。首長の館跡を中心に、古墳・水田経営の跡・農民の住居跡の発掘調査や渡来人の遺物などから5世紀の地域社会の全体像を復元する。

勅使河原彰 著

004 原始集落を掘る・尖石遺跡

ISBN4-7877-0434-6

自由奔放で勇壮な精神あふれる土器群を残した八ヶ岳西南麓の縄文人たち。彼らの生活を知りたいと、竪穴住居址の完掘、縄文集落の解明、そして遺跡の保存へと、生涯を賭けた地元の研究者・宮坂英弌の軌跡をたどり、縄文集落研究の原点とその重要性を熱く語る。

大橋康二 著

005 世界をリードした磁器窯・肥前窯

ISBN4-7877-0435-4

17世紀中頃から18世紀中頃にかけて、肥前窯で作られた精巧で優美な磁器は、東南アジアから中近東、ヨーロッパまで輸出された。窯跡の発掘調査や海外の遺跡から出土した資料、伝世品などの考古学的研究から、肥前窯がどのように発展したかのを明らかにする。

小林康男 著

006 五千年におよぶムラ・平出遺跡

ISBN4-7877-0436-2

縄文から現代まで連綿と人びとの暮らしが営まれてきた平出の地。戦後まもなく研究者や村民によってはじめられた平出遺跡の総合学術調査は、縄文・古墳・平安の大集落がこの地に眠っていることを明らかにした。その調査からわかってきた人びとの生活ぶりを描く。